Unsichere Gewissheiten

Fröhliche Wissenschaft 204

Für meinen Vater

Donatella Di Cesare
Philosophie der Migration

Aus dem Italienischen von Daniel Creutz
343 Seiten, Hardcover mit Schutzumschlag

Im neuen Zeitalter der Mauern und Grenzen sind Migranten die Unwillkommenen und werden beschuldigt, fehl am Platz zu sein. Es gibt jedoch kein territoriales Recht, das eine Politik der verallgemeinerten Zurückweisung rechtfertigen könnte. Die italienische Philosophin Donatella Di Cesare reflektiert luzide die grundlegende Bedeutung des Migrierens und eröffnet dabei eine radikale Perspektive: Wohnen und Migrieren bilden keine Gegensätze, wie der in den Fängen der alten Gespenster von Blut- und Bodenrecht begriffene Gemeinsinn meint. In einem jeden Migranten ist die Figur des »Ansässigen Fremden« zu erkennen, dem wahren Protagonisten dieses Buches. Di Cesare nimmt die Herausforderung an, die von der Migration für jegliches Verständnis von Gemeinschaft ausgeht, und entdeckt dabei Möglichkeiten, das Zusammenwohnen neu zu denken.

»Philosophie muss die Welt aus den Angeln heben. Davon ist die italienische Philosophin Donatella Di Cesare überzeugt.«
– Gerd Brendel, *Deutschlandfunk Kultur*

Maurice Blanchot
Die uneingestehbare Gemeinschaft

Aus dem Französischen von Gerd Bergfleth
183 Seiten, Klappenbroschur

Die »Gemeinschaft« wird in modernen Gesellschaften entweder nostalgisch beschworen oder als endgültiger Verlust beklagt. Was aber ist unter »Gemeinschaft« zu verstehen? Blanchot geht dieser Frage nach und errichtet die Idee einer Gemeinschaft äußersten Anspruchs, die immer schon zum Scheitern verurteilt ist. Das notwendige Scheitern jeglicher »Gemeinschaft« liegt nicht an den hohen Anforderungen der Gesellschaft, sondern am absoluten Anspruch der Gemeinschaft selber, der nicht verwirklicht werden kann, sondern unweigerlich in den Tod treibt. Der Mai 68, an dem Blanchot beteiligt war, und andere politische Utopien, die allesamt zu Illusionen wurden, bilden den Hintergrund einer brillanten Untersuchung der innere Struktur von Gemeinschaften, die schließlich Kommunikationsformen von Freundschaft und Liebe in den Mittelpunkt rückt.

»Das Buch von Maurice Blanchot […] macht deutlich, dass Gemeinschaft ein Grenzbegriff ist.«
– Bert Rebhandl, *Der Standard*

Fynn Ole Engler

Unsichere Gewissheiten

Matthes & Seitz Berlin

Seht ihr den Mond dort stehen?
Er ist nur halb zu sehen,
Und ist doch rund und schön!
Matthias Claudius, *Abendlied*

Das Licht geht nach und nach
über das Ganze auf.
Ludwig Wittgenstein, *Über Gewißheit*

Inhalt

Vorbemerkung

Der schon zu Lebzeiten zur Legende gewordene Philosoph Ludwig Wittgenstein unternahm kurz vor seinem Tod noch einmal den Versuch, das zu erkunden und zum Ausdruck zu bringen, was sich nicht in Frage stellen lässt. Er wollte etwas im wahrsten Sinne des Wortes festmachen, damit der Zweifel zur Ruhe kommt. Seine späte Entdeckung war die Bedeutung der Gewissheit im Unterschied zum Wissen.

In diesem Essay wird Wittgensteins letzte Untersuchung in den Blick genommen. Dabei sollen wichtige Stationen seines Lebensweges nachgezeichnet und einige für ihn prägende Begegnungen mit Zeitgenossen in Szene gesetzt werden. Außerdem werden Wittgensteins frühere Arbeiten herangezogen, um auf Kontinuitäten und Brüche in seinen Denkbewegungen hinzuweisen. Nicht zuletzt geht es darum, ein paar Probleme aufzuwerfen, die unsere Lebensweise betreffen und aus der Perspektive der Spätphilosophie Wittgensteins in einem neuen Licht erscheinen.

Allerdings wird Wittgenstein hier nicht die alleinige Hauptperson bleiben. Neben ihm werden die nicht minder herausragenden Philosophen René Descartes und David Hume die Bühne betreten und zu Wort kommen. Es soll einer Entwicklung nachgegangen werden, die alle drei, wenn auch aus unterschiedlichen Motiven heraus und unter verschiedenen historischen Umständen, durchlaufen haben, um die dabei zu Tage tretenden Auffassungen miteinander zu konfrontieren und gegeneinander abzuwägen. Insofern wird auch ein Dialog zwischen ihnen nachgezeichnet, wobei einer Vorstellung von Philosophie Raum gegeben wird, die einen weiten Horizont des Denkens aufspannt und tief in den Fluss des Lebens eintaucht.

Descartes, Hume und Wittgenstein waren keine akademischen Philosophen. Alle drei waren in ihrer Zeit Unruhestifter. Descartes trennte die Philosophie von der Wissenschaft und der Religion, leugnete aber nicht ihre Vereinbarkeit. Hume führte die empirische Methode in die Wissenschaft des Geistes ein. Wittgenstein verordnete der Philosophie sogar ein striktes Schweigegebot. Alle drei trachteten nach theoretischer Sicherheit und wollten die universelle Skepsis ein für alle Mal in die Schranken weisen: Descartes im Zuge eines methodischen Zweifels, Hume vermittels einer klaren Trennung von Verstand und Gefühl, schließlich Wittgenstein mit einer logischen Analyse unserer in die Sprache gekleideten

Gedanken. Alle drei sind damit gescheitert und mussten ihre frühen Positionen räumen. Allerdings haben sie im Laufe ihres Lebens die trügerischen Ansprüche auf theoretische Sicherheit gegen die vertrauenswürdigen Anrechte einer praktischen Gewissheit eingetauscht.

Dabei fügte Descartes dem metaphysischen Dualismus von Körper und Geist, den er seit den Tagen seiner Ausbildung vertreten hatte, die komplexe Einheit eines mit dem Körper in Wechselwirkung stehenden Geistes hinzu. Er vervollständigte die abstrakten Wahrheiten des auf sich selbst zurückgezogenen Geistes um die praktischen Gewissheiten einer tätigen Lebensführung, die das berühmte »Ich denke, also bin ich« auch leiblich und emotional verankerten. Hume nahm diesen Faden in seinen späteren Essays auf, indem er den Verstand ebenso wie die Gefühle und Leidenschaften als nicht zu trennende Grundlagen der lebendigen menschlichen Natur zusammendachte. Wittgenstein wiederum machte in seiner letzten Untersuchung im beständigen Fluss des Lebens objektive Gewissheiten fest, die wir uns als überkommenen Hintergrund einer gemeinsam mit anderen geteilten Lebensform aneignen können.

Da wir diese praktischen Gewissheiten allerdings immer wieder aufs Neue aufnehmen und aktivieren, bleiben sie stets ein unsicheres und trügerisches Fundament, denn in persönlichen und gesellschaftlichen Krisen können sie wieder in Zweifel gezogen werden und das Fundament ins Rutschen geraten. So verweist die nun zu erzählende Geschichte auch auf die aktuellen Herausforderungen, mit unsicheren Gewissheiten zu leben.

Bevor wir aber in die Geschichte einsteigen, möchte ich mich an dieser Stelle noch für einige Hinweise und kritische Bemerkungen bedanken bei Kristian Herrmann, Mathias Iven, Friedrich-Olaf Jungk, Olaf Müller, Dominik Perler, Tobias Rosefeldt und Andrea Weiß. Überdies danke ich den Studierenden am Institut für Philosophie der Universität Rostock für anregende Diskussionen in meinen Seminaren zu Descartes, Hume und Wittgenstein.

Berlin, im April 2022
Fynn Ole Engler

1. Leben und Tod

Der Tod ist kein Ereignis des Lebens.
Den Tod erlebt man nicht.
Ludwig Wittgenstein[1]

Ein Mensch, der sich aus dem Leben
verabschiedet, […]
hört bloß auf, Gutes zu tun […].
David Hume[2]

Als Ludwig Wittgenstein am 29. April 1951, drei Tage nach seinem 62. Geburtstag, in Cambridge starb – er hatte die letzten Monate seines Lebens in »Storey's End«, dem Haus seines Arztes und Freundes Edward Bevan verbracht –, hinterließ er gut 20.000 von Hand geschriebene und diktierte Seiten: das unvollendet gebliebene Werk eines äußerst produktiven und bis zum Schluss jugendlich frischen Geistes.

Noch zwei Tage vor seinem Tod hatte er die letzten Bemerkungen geschrieben. Einige Wochen zuvor waren die zur Bekämpfung des Krebses verordnete Hormonbehandlung sowie die Röntgenbestrahlungen als aussichtslos abgesetzt worden, was Wittgenstein gegenüber seiner Gastgeberin Frau Bevan zu der Aussage veranlasste: »Jetzt werde ich arbeiten wie noch nie in meinem Leben.«[3] In der Folge entstand ein Großteil der Aufzeichnungen, die später unter dem Titel *Über Gewißheit* von Wittgensteins Nachlassverwaltern zusammengestellt und veröffentlicht wurden.[4]

Diese Sammlung nimmt im Spätwerk des 1889 in Neuwaldegg bei Wien geborenen Philosophen, der zunächst aeronautischer Ingenieur werden wollte und zeitlebens eine Schwäche für allerlei Maschinen, Gerätschaften und technische Apparate besaß, einen besonderen Platz ein. Neben der, seinem Freund David Hume Pinsent gewidmeten, *Logisch-philosophischen Abhandlung*, die Wittgenstein in seinem letzten Fronturlaub während des Ersten Weltkriegs verfasste und die besser bekannt ist unter dem lateinischen Titel *Tractatus logico-philosophicus*, sowie den 1953 posthum erschienenen und nicht minder berühmten *Philosophischen Untersuchungen*, gilt *Über Gewißheit* heute als sein drittes Meisterwerk.[5]

Wittgenstein verfasste es in vier Arbeitsphasen während der letzten anderthalb Jahre seines Lebens. Es blieb unvollendet. Den nahen Tod vor Augen eröffnete er allerdings noch einmal eine neue Perspektive auf das Fundament, das System und die Grenzen unseres Wissens und verteidigte unverrückbare Gewissheiten, vor deren

Hintergrund sich die vielfältigen Ereignisse des Lebens abspielen.

Wittgenstein griff damit auf Fragen zurück, die bereits in der ersten Hälfte des 17. Jahrhunderts einen der Begründer der neuzeitlichen Philosophie, René Descartes, beschäftigt hatten. Dieser meinte, in seinen 1641 erschienenen *Meditationen* das sichere Fundament allen Wissens, insbesondere des neuen Weltbildes der Physik und Astronomie gelegt zu haben. Zugleich hatte er die körperliche von der geistigen Sphäre streng geschieden, womit sich die Annahme zweier voneinander unabhängig existierender Substanzen ergab, die in ihrer beharrlichen Fortdauer unbeeinflusst blieben. Dadurch konnte zumindest im Prinzip die Unsterblichkeit der Seele abgesichert und ein Streit darüber mit den Theologen an der Pariser Sorbonne sowie den einflussreichen Jesuiten vermieden werden.

Es war Elisabeth von der Pfalz, Descartes' erste Leserin und Kritikerin, die ihn in einem Briefwechsel herausforderte,[6] seine Auffassung aus den *Meditationen* und den 1644 in Amsterdam veröffentlichten *Prinzipien der Philosophie*, die der exilierten Gräfin gewidmet waren, zu überdenken. Descartes' Trennung von Körper und Geist überzeugte Elisabeth nicht, denn wie konnte etwas Immaterielles auf etwas Materielles einwirken. In den kurz vor seinem Tod erschienenen

Passionen der Seele behandelte Descartes daher die menschlichen Affekte und Leidenschaften als Produkte einer komplexen Einheit von Körper und Geist. Damit ergänzte er schließlich auch den Dualismus, den er seit Ende seiner Ausbildung am berühmten Jesuitenkolleg in der Gemeinde La Flèche – einem hervorragenden Ort katholisch-wissenschaftlicher Bildung, den er als 18-Jähriger Mitte 1614 verließ – als methodischen Grundsatz für seine Forschungen angenommen hatte und infolgedessen die materielle Welt der Physik von einem diese Welt im Denken repräsentierenden Ich als das sichere Fundament allen Wissens abgetrennt ist. Im Unterschied zu dieser trostlosen Absicherung in der Einsamkeit des Denkens argumentierte Descartes in seinem letzten Werk für eine an den empfindsamen Leib gebundene Lebensweisheit, die er auf einen mit dem Körper wechselwirkenden Geist bezog.

Mit der menschlichen Natur beschäftigte sich ein gutes Jahrhundert später auch der schottische Aufklärer David Hume. Während seines Aufenthaltes in Frankreich in den Jahren von 1734 bis 1737, zunächst in Paris, danach in Reims, vollendete er ganz in der Nähe des Jesuitenkollegs von La Flèche den 1739/40 anonym in drei Bänden erschienenen *Traktat über die menschliche Natur*. Seine nachmals berühmte Diskussion über Wunder fand hier allerdings noch keinen Eingang.

Zudem fiel der *Traktat*, wie Hume in seiner autobiographischen Skizze bemerkte, wie eine »*Totgeburt* [...] *aus der Presse* und fand nicht einmal so viel Beachtung, um wenigstens unter den Eiferern ein leises Murren zu erregen«.[7]

Aufgrund seiner Erfahrungen während der Arbeiten am *Traktat*, die ihn an die Grenzen des eigenen Verstandes brachten und nahezu in die Selbstzerstörung trieben, war Hume gezwungen, dem radikalen Skeptizismus einer knochentrockenen Gelehrsamkeit zu entsagen und seinen literarischen Stil zu ändern. Fortan schrieb er lebensnahe Essays, zunächst als Fingerübungen über Politik, Moral und Ökonomie,[8] bevor 1748 die *Philosophischen Essays über den menschlichen Verstand* das Licht der Welt erblickten, eine erfolgreiche Sammlung von geistreichen Aufsätzen, die an die Stelle des ersten Bandes des *Traktats* rückte und ab 1758 unter dem heute geläufigen Titel *Eine Untersuchung über den menschlichen Verstand* erschien.

Wie zuvor Descartes und später Wittgenstein überführte auch Hume im Laufe seines Lebens die starren Grenzziehungen theoretischer Grundsätze in die lebendigen Darstellungen praktischer Gewissheit. Im Vorwort zu der in seinem Todesjahr 1776 geplanten Neuausgabe der *Untersuchung* lautete es, »daß in Zukunft die folgenden Aufsätze allein als Darstellung seiner philosophischen Ansichten und Prinzipien betrachtet werden mögen«.[9] Damit hatte Hume die selbstzerstörerischen Übertreibungen einer bedingungslosen Skepsis aber auch die Unempfindlichkeit und Leichtgläubigkeit ihr gegenüber aus den Jahren des *Traktats* hinter sich gelassen und war für eine undogmatische Gewissheit in den Fragen des Lebens eingetreten. Ebenso der späte Wittgenstein, der die radikale, durch die formale Logik bedingte Grenze zwischen dem Sagbaren und dem Unsagbaren aus dem *Tractatus* in den unverrückbaren Bezugsrahmen einer gemeinsam mit anderen geteilten Lebensform umwandelte, womit sich für ihn erst aufgrund der vielfältigen Ressourcen des Lebens die Sprache und mit ihr das logische Denken wirksam entfalten konnten: »Die Sprache – will ich sagen – ist eine Verfeinerung, ›im Anfang war die Tat‹.«[10]

In der Nacht als Wittgenstein starb, hielt Frau Bevan bei ihm Wache, seine letzten Worte waren: »Sagen Sie ihnen, dass ich ein wundervolles Leben gehabt habe!«[11] – Obwohl er weiterhin zwanghaft jede Art von Zweifel hegte, die ihn wohl bis zum Schluss quälten, hatte Wittgenstein die mit dem *Tractatus* gezogene harte Grenze umgestaltet und in beruhigte Gewissheiten überführt, die zwar dem Theoretischen fernstanden, dem Übergang von den gemeinsam geteilten Gütern des Lebens zum isolierten Ereignis des Todes jedoch zuträglicher waren.

2. Grenzziehungen und Handlungsweisen

Das philosophische Ich ist nicht der Mensch,
nicht der menschliche Körper,
oder die menschliche Seele […],
sondern das metaphysische Subjekt,
die Grenze – nicht ein Teil – der Welt.
Ludwig Wittgenstein[12]

Der frühe Wittgenstein war in den Zwanzigerjahren des 20. Jahrhunderts mit dem *Tractatus* berühmt geworden. Er war sich absolut sicher, wie es im Vorwort von 1918 heißt, dass die »hier mitgeteilten Gedanken unantastbar und definitiv« seien.[13] Seinem Mentor, dem berühmten Logiker Bertrand Russell, hatte der zuletzt als Leutnant im österreichischen Heer dienende Wittgenstein aus dem Gefangenenlager im italienischen Cassino am 13. März 1919 mitgeteilt: »Ich habe ein Buch mit dem Titel ›Logisch-philosophische Abhandlung‹ geschrieben, das meine gesamte Arbeit der letzten sechs Jahre enthält. Ich glaube, ich habe unsere Probleme endgültig gelöst. Dies klingt vielleicht hochmütig, aber ich kann nicht umhin, es zu glauben. […] Sobald ich nach Hause komme, werde ich es veröffentlichen.«[14]

Wittgenstein war im *Tractatus* für die kristallene Klarheit der formalen Logik als sicheres Fundament des Denkens und der Sprache eingetreten. In der Form von Sätzen werden für ihn Gedanken sinnlich wahrnehmbar und projizierten eine mögliche Sachlage in der Welt, sofern das Bild des Satzes und der dargestellte Sachverhalt durch eine gemeinsame logische Struktur miteinander verbunden sind. Kurz gesagt: Die Dinge in der Welt sollten so in Beziehung zueinander stehen, wie die Wörter in den Sätzen aufeinander bezogen sind. In diesem Sinne argumentierte Wittgenstein für eine Abbildtheorie der Sprache, wonach die sprachlichen Ausdrücke die Tatsachen über die Dinge in der Welt repräsentierten; sie sollten darstellen, was der Fall ist, so Wittgenstein, darin läge ihre eigentliche Funktion, denn: »Wovon man nicht sprechen kann, darüber muß man schweigen.«[15] Es sei insbesondere die Aufgabe der Naturwissenschaft, gerechtfertigte Aussagen über die wahren Tatsachen zu treffen und unser Wissen beständig zu vermehren. Die Philosophie hingegen solle schweigen, ihre vermeintlichen Probleme, seien sie ästhetischer, ethischer oder religiöser Natur, überschritten die Grenzen des Denk- und Sagbaren. Sie lägen jenseits der Welt. »Wir fühlen«, schrieb Wittgenstein, »daß, selbst wenn alle *möglichen* wissenschaftlichen Fragen beantwortet sind, unsere Lebensprobleme noch gar nicht berührt sind. Freilich bleibt dann eben keine Frage mehr; und eben dies ist die Antwort.«[16]

Nach Abschluss des *Tractatus* war Wittgenstein einige Jahre als Volksschullehrer in verschiedenen abgelegenen Dörfern in Niederösterreich tätig und arbeitete später für kurze Zeit als Gärtner im Ordenskloster der Barmherzigen Brüder in Hütteldorf. Nachdem er schließlich für seine Schwester Margaret das als Architekturikone bekannte Haus in der Kundmanngasse in Wien fertiggestellt hatte, kehrte er Anfang Februar 1929 – zunächst noch reichlich unentschlossen und in einer wankelmütigen Stimmungslage – nach Cambridge und damit an den Ort seiner philosophischen Erweckung zurück. Und schon bald beschäftigte er sich wieder intensiv mit Philosophie. So traf er bei seinen Aufenthalten in Wien mit dem Physiker-Philosophen Moritz Schlick und einigen Mitgliedern des nachmals weltberühmten »Wiener Kreises« zu intensiven Gesprächsrunden zusammen. In Cambridge waren es neben Russell insbesondere George Edward Moore, John Maynard Keynes und Frank P. Ramsey, die Wittgenstein wieder in den Kreis der Philosophen aufnahmen. Seit Januar 1930 hielt er Vorlesungen und ab Herbst 1936, nachdem sein Forschungsstipendium am Trinity College ausgelaufen war, entstand, zunächst in einer abgelegenen Hütte in Norwegen, die 1914 am Ende des Sognefjords bei Skjolden nach seinen Plänen gebaut worden war, über eine Reihe von Zwischenschritten sein zweites Hauptwerk: die *Philosophischen Untersuchungen*. Den starren Rahmen der Logik hatte Wittgenstein mittlerweile beiseitegelegt. Nicht mehr die durch diesen Bezugsrahmen projizierten Gedanken sollten den Wörtern und Sätzen Sinn verleihen, sondern deren Bedeutung wird bestimmt durch ihren vielfältigen Gebrauch in den öffentlichen Kontexten von sogenannten Sprachspielen.

Im *Tractatus* hatte er noch den in die Sprache gekleideten Gedanken als strikte Grenze gezogen, indem sich nur denken ließ, worüber man sprechen konnte, denn Denken und Sprechen waren für ihn Eins.[17] »Die Hauptsache«, schrieb Wittgenstein in einem Brief vom 19. August 1919 an Russell, »ist die Theorie über das, was durch Sätze – d. h. durch Sprache – gesagt (und, was auf dasselbe hinausläuft, *gedacht*) und was nicht durch Sätze ausgedrückt, sondern nur gezeigt werden kann.«[18] So hatte sich das sinnvoll Denk- und Sagbare auch nur von einem Subjekt her bestimmen lassen, das durch die Art und Weise des Gebrauchs der Sprache zugleich die Grenzen seiner Welt zog.[19] Das Subjekt zeigte sich durch die zum Ausdruck gebrachten Gedanken, aber es bildete selbst keinen Teil des gedanklichen Inhalts, weil es nicht in Worte gefasst werden konnte: Es gehörte nicht zur Welt. Wittgenstein hat diese Überlegung in ein prägnantes Bild gefasst. Er verglich den Raum der Gedanken mit dem Gesichtsfeld, in dem das Auge ebenso wenig enthalten ist wie das Subjekt im Raum der Gedanken.[20] »Das denkende, vorstellende, Subjekt gibt es nicht«,[21] so folgerte Wittgenstein im *Tractatus*; »das Ich des Solipsismus« als das im Denken die Welt repräsentierende Subjekt, das Descartes in seinen metaphysischen *Meditationen* zum feststehenden Fundament allen Wissens erklärt hatte, war zu einem »ausdehnungslosen Punkt«, einer bloßen Perspektive des Erfahrens und Urteilens geschrumpft; was blieb, war »die ihm koordinierte Realität«,[22] von der aber auch ein wollendes Subjekt zu trennen war, das durch seinen Willen den eigenen Leib beeinflussen konnte, aber gleichfalls nicht zu der wesentlich selbstbestimmten Welt gehörte.[23] Das »philosophische Ich« blieb somit unantastbar und unergründlich: ein »metaphysisches Subjekt« im Sinne Wittgensteins, das die Grenze der Welt bedeutete. Doch der Preis dafür war hoch. Der *Tractatus* endet mit einem strikten Schweigegebot über die Frage, ob es die Welt überhaupt gibt, womit auch der Streit zwischen dem Solipsisten und dem Realisten unentschieden blieb.[24] Und auch über den Sinn der Welt, denn dieser lag außerhalb ihrer Grenzen.[25]

Daher konnte es auch kein Verstehen angesichts der Leiden im Leben geben, über die Wittgenstein nicht hinwegkam und angesichts derer er Selbstmordgedanken hegte, als da waren die Ereignisse des Krieges, der Untergang der alten Donaumonarchie und nicht zuletzt der Tod des geliebten Freundes. David Hume Pinsent war am 8. Mai 1918 bei einem Flugunfall auf tragische Weise ums Leben gekommen. Zudem fühlte sich Wittgenstein einsam und er fand keinen Verleger für sein Buch. In dem zuvor angeführten Brief an Russell gab er an, dass es »schon *sehr* bedrückend« sei, »von keiner einzigen Seele verstanden zu werden«,[26] zumal er sich auch nicht imstande dazu sah, die Sätze des *Tractatus* näher zu erläutern. Indem er nach dessen Fertigstellung sein gesamtes, als Belastung empfundenes Vermögen den entsetzten Geschwistern überließ – die Familie zählte zu den reichsten und angesehensten Österreichs und ihr opulentes Stadtpalais in der Alleegasse gleich hinter der barocken Karlskirche war ein Anlaufpunkt berühmter Musiker und Künstler –, und sich über Jahre hinweg auf die Erziehung von einfachen Bergbauernkindern auf dem Lande einließ, zeigte er allerdings eine grundsätzlich verwandelte Einstellung zum Leben. Mit der existenziell bedeutsamen Forderung, sich selbst zu verändern, um ein anständiges und letztlich auch glücklicheres Leben zu führen, wollte Wittgenstein über die bloßen Tatsachen der Welt hinaus, indem er sie auf eine tiefgreifend veränderte Art und Weise als Ganzes neu zu fühlen und zu beurteilen lernte.[27]

Dass die Welt wesentlich durch die eigenen Erfahrungen, Emotionen und Leidenschaften bestimmt ist, aber aus dem kontinuierlichen Strom der Impressionen weder ein substanzielles Ich herauszufischen, noch die eigene Identität festzumachen war, musste bereits David Hume am Ende des ersten Bandes seines *Traktats über die menschliche Natur* feststellen. Seine an den Naturwissenschaften ausgerichtete, gleichwohl für die Geistes- und Humanwissenschaften revolutionäre Methode der empirischen Analyse hatte zur Auflösung des Menschen geführt. Denn nicht nur den Körper hatte man in den Anatomischen Theatern des 17. und 18. Jahrhunderts zergliedert, auch der Geist war, zerlegt in seine Bestandteile, ein Untersuchungsobjekt der Wissenschaft geworden. Der Empirist Hume sezierte die Inhalte des Geistes, von ihm allgemein als Perzeptionen bezeichnet, und unterschied grundlegend zwischen den unmittelbar gegenwärtigen Eindrücken der Wahrnehmung und Selbstwahrnehmung einerseits und den weniger lebhaften Vorstellungen der Erinnerung und der Einbildungskraft als den beiden zentralen Vermögen des Verstandes andererseits. Diesen wesentlichen Prinzipien des Denkens, die Vorstellungen aufgrund von Ähnlichkeit, raum-zeitlicher Nähe und Ursächlichkeit miteinander verknüpften, galt zunächst seine Aufmerksamkeit. Die Erinnerung ließ Vergangenes gegenwärtig werden und die Einbildungskraft führte über das Erfahrene hinaus. Allerdings musste sie gezügelt, ihren verführerischen Fantasien und Fiktionen Grenzen gesetzt werden. Es galt dem Aberglauben und der Schwärmerei, die beide für Hume aus Unwissenheit und Unvernunft resultierten und die Menschen einerseits zahm und unterwürfig, andererseits nachlässig und gleichgültig machten, mit aller Konsequenz entgegenzutreten.[28] Die damit verbundene Religionskritik und der Vorwurf des Atheismus machten es für Hume im calvinistisch geprägten Schottland fortan aussichtlos, eine Professur zu bekleiden. Sowohl in Edinburgh als auch später in Glasgow wurde ihm ein Lehrstuhl verwehrt. Vernünftige Glaubensinhalte vermochten sich für ihn allein aufgrund der Erfahrung und der Gewohnheit einzustellen. Selbst das Prinzip der Kausalität hatte er als eine gewohnheitsmäßige Verknüpfung der Vorstellungen von Ursache und Wirkung herausgestellt. Doch konnte damit kein sicheres Wissen sowohl über den zukünftigen Verlauf der Welt als auch ihre erste Ursache begründet werden. Schlimmer noch: Die Einbildungskraft ließ sich nicht durch den vernünftigen Glauben an die Gleichförmigkeit der Natur bändigen, da diese grundlegende Annahme selbst nicht zu rechtfertigen war und sich damit als leere Formel erwies. Die Religion konnte so über die Wissenschaft vom Menschen triumphieren, ihren Verführungen hatte Hume nichts entgegenzusetzen.

Am Ende des ersten Buches konstatierte er resignierend: »Ich habe bereits gezeigt, daß der Verstand, wenn er für sich allein und nach seinen allgemeinsten Prinzipien tätig ist, sich gegen sich selbst wendet, und jede Gewißheit zerstört, in der Philosophie wie im gewöhnlichen Leben.«[29] Die Kraft des Verstandes reichte nicht aus, um das angestrebte Ziel einer sicheren Grundlage des menschlichen Erkenntnisvermögens zu erreichen. Angesichts »der Schwäche und der Gesetzlosigkeit der geistigen Vermögen«[30] sah er sich in einer verzweifelten und melancholischen Stimmungslage. »Jeden Schritt, den ich tue«, so Hume, »tue ich zögernd, und jedes neue Nachdenken läßt mich Irrtum und Absurdität in meinen Schlüssen befürchten.«[31] Doch er riss sich los von diesen selbstzerstörerischen Grübeleien und fasste einen Entschluss: »[I]ch will mich nicht mehr in solche traurige Einöden und stürmische Fahrten treiben lassen, wie ich es bisher getan habe.«[32] Der Verstand war bei der Analyse der Kausalität an seine Grenzen gestoßen, doch zugleich war der Übergang ins Reich der Gefühle geebnet. Hume erweiterte die Untersuchung über die menschliche Natur auf die Bereiche der lebhaften Eindrücke: der Affekte und schließlich der Moral. Er füllte zwei weitere Bände und brachte so den *Traktat* zum Abschluss.

Da die Berufung auf eine Professur trotz der Unterstützung des Bürgermeisters von Edinburgh ausblieb und auch eine erläuternde Selbstanzeige den Verkauf des *Traktats* nicht anzukurbeln vermochte – später haben Wittgensteins Freunde, die Ökonomen John Maynard Keynes und Piero Sraffa die zwischenzeitlich Adam Smith zugeschriebene Schrift Ende 1933 wiederentdeckt und 1938 neu aufgelegt –,[33] verdingte sich Hume in den Jahren 1745/46 zunächst als Tutor des dritten Marquis de Annandale auf Schloss Weldehall in der Nähe von London. Danach diente er als Privatsekretär des schottischen Generals Sinclair und reiste mit ihm ab 1748 in diplomatischer Mission durch Europa. Erst die Veröffentlichung des sechsbändigen Standardwerks zur *Geschichte Englands* ab 1754 – die Arbeit daran hatte Hume als Bibliothekar des Juristenkollegiums in Edinburgh zwei Jahre zuvor begonnen – machte ihn schließlich zu einem finanziell unabhängigen Beststellerautor.

Seit Sommer 1744 hatte Hume begonnen, die schwerfällige Argumentation aus dem *Traktat* umzuschreiben. Die strikte Grenze zwischen Verstand und Gefühl gab er auf. Sie hatte den Weg in eine universelle Skepsis gewiesen. Erst das Zusammenspiel beider charakterisierte die menschliche Natur, denn nicht nur die Einbildungskraft war ohne das Gefühl eines lebendigen Glaubens an die vorgestellten Inhalte leer, auch eine durchdachte Moral und das gesellschaftliche Zusammenleben basierten auf Gefühlen. Auch hier vermochte Hume allgemeine Prinzipien wie das der Sympathie zu entdecken, die sich als eine natürliche Veranlagung herausstellte, um die wesentlichen Charakterzüge anderer zu beurteilen.[34] In der Folge zeichnete er aber auch ein buntes Sittengemälde, ein farbenfrohes Panorama der menschlichen Charaktere und der durch sie hervorgerufenen Denk- und Handlungsweisen. Hatte sich Hume am Ende des *Traktats* noch für eine klare Arbeitsteilung zwischen dem Anatom des Geistes und dem Maler der Sitten ausgesprochen, trat er in den *Philosophischen Essays über den menschlichen Verstand* und in der *Untersuchung über die Prinzipien der Moral* – der Umarbeitung des dritten Buches seines *Traktats* von 1751 –, für ihre enge Kooperation ein. Selbst die Skepsis vermochte er damit einzuhegen und sich selbst aus »trübseliger Einsiedelei«

als tätiges und geselliges Wesen zurückzugewinnen.[35]

Wie nach ihm Wittgenstein hatte auch Hume damit eine zunächst scharf gezogene Grenze in Frage gestellt, und stattdessen die leerlaufenden Räder des Verstandes vermittels von Gefühlen und Leidenschaften mit der alltäglichen Welt unserer Lebensführung verbunden. Hume sympathisierte mit dem Verhalten eines gemäßigten Skeptikers und nahm dessen Charakterzüge an.[36] Geleitet von der wissenschaftlichen Präzision des Anatomen zeichnete er mit der Hand des Künstlers ein Weltbild, das auf den Prinzipien der menschlichen Natur basierte, zugleich aber auch »die wunderliche Lage des Menschen [offenbarte], der handeln, denken und glauben muß, wenn er auch nicht imstande ist, durch die sorgsamste Untersuchung über die Grundlagen dieser Tätigkeiten befriedigende Aufklärung zu erlangen«.[37]

Eben dies aber hatte René Descartes ein gutes Jahrhundert zuvor unternommen. Sein Versuch, das im 17. Jahrhundert insbesondere durch den Aufstieg der Natur- und Technikwissenschaften entstandene Weltbild[38] auf das unerschütterliche Fundament des eigenen Verstandes zu gründen, war zugleich einer der Ausgangs- und Ankerpunkte der neuzeitlichen Philosophie, deren Einfluss bis in die Moderne reicht. Hume jedoch wies Descartes' rationalistische Grundlegung zurück.

»[D]er Fluß der Ereignisse, wie wir ihn erfahren«, so Hume, »ist der große Maßstab, nach dem wir alle unser Benehmen regeln. Auf nichts anderes kann man sich im Felde wie im Rate berufen; von nichts anderem sollte in der Schule wie im Studierzimmer die Rede sein«.[39] In der Folge verlieh die Skepsis Humes nicht nur im fernen Königsberg der Denkkraft Immanuel Kants »einen ganz neuen Schwung«[40], sondern fand sich auch noch am Beginn des 20. Jahrhunderts in Wittgensteins *Tractatus* wieder, allerdings vermittelt über Arthur Schopenhauers Grenzziehung zwischen der Welt als Wille und Vorstellung.[41]

Indem der frühe Wittgenstein das denkende vom wollenden Subjekt schied und die Grenzziehungen des ersteren durch die Handlungsweisen des letzteren in Frage stellte, nahm er das zentrale Motiv des Skeptizismus Humes auf, für den im beständigen Fluss des Lebens kein feststehendes Fundament auszuweisen war. Mehr noch wird sich zeigen, dass Wittgenstein mit dem Übergang zu seiner Spätphilosophie die Frage Descartes' nach einer sicheren Grundlegung all unseres Wissens erneut aufgriff und beantwortete, ohne hierbei jedoch auf eine Verankerung in der Praxis des Lebens zu verzichten. Zuvor soll jedoch Descartes' Auffassung zum Fundament und Weltbild im Kontext seiner Zeit in den Blick genommen werden.

3. Fundament und Weltbild

Ich denke, also bin ich.
René Descartes[42]

Im Jahre 1633 stürzte Descartes in eine tiefe persönliche Krise. Der 69-jährige Galileo Galilei war durch das Heilige Offizium in Rom verurteilt worden. Descartes, der sich seit Ende 1628 im selbstgewählten Exil an wechselnden Orten in der Republik der Vereinigten Niederlande aufhielt, stellte die Veröffentlichung seiner Physik, an der er in den vorangegangenen vier Jahren gearbeitet hatte, zurück, da sie auf der kopernikanischen Lehre der Erdbewegung basierte. Offenbar fürchtete er ebenfalls eine Verurteilung.

Erst 1664, also 22 Jahre nach Galileis und 14 Jahre nach Descartes' Tod, kam *Die Welt oder Abhandlung über das Licht* in Paris heraus, die später noch um die Abhandlung *Der Mensch* ergänzt wurde.[43] Eine wesentlich erweiterte Fassung seiner Physik hatte Descartes allerdings schon 1644 in den *Prinzipien der Philosophie* veröffentlicht. Sieben Jahre zuvor waren außerdem drei wissenschaftliche Studien über die Dioptrik, die

Meteore und die Geometrie erschienen, denen Descartes eine autobiographisch geprägte Anleitung für den Verstand unter dem aufschlussreichen Titel *Entwurf der Methode, seine Vernunft richtig zu leiten und die Wahrheit in den Wissenschaften zu suchen* voranstellte.

Das im holländischen Leiden anonym verlegte Buch machte seinen Autor über Nacht berühmt. Im ersten Abschnitt, der die Jahre der Ausbildung umfasst, schilderte Descartes auch seinen weitreichenden Entschluss, »im großen Buch der Welt«[44] zu studieren; einem Buch, in dem das Wissen, wie Galilei es sah, in der Sprache der Mathematik zum Ausdruck kam.[45]

Galileis Leistungen haben schon früh im Leben Descartes' für Aufmerksamkeit gesorgt. So nahm der 15-Jährige im Jesuitenkolleg von La Flèche an einer Feier anlässlich der Entdeckung der Umläufe der vier großen Jupitermonde im Jahre 1611 teil.[46] Die Bewegung der himmlischen Materie war aber längst nicht alles, was Descartes als aufmerksamer Beobachter dem aufgeschlagenen Buch der Welt entnahm. Nach dem Abschluss des Studiums der Rechtswissenschaft an der Universität Poitiers im Jahre 1616, verwandte er »den Rest seiner Jugend darauf, zu reisen, Höfe und Armeen zu sehen« – er diente als Freiwilliger im Dreißigjährigen Krieg sowohl im calvinistischen Heer unter Moritz von Oranien als auch auf katholischer Seite unter Maximilian von Bayern –, und »Leuten verschiedenen Charakters und Standes zu begegnen«.[47] Im Besonderen dürfte Descartes hier an die Bekanntschaft mit dem Mediziner und Naturforscher Isaac Beeckman, einem Anhänger des kopernikanischen Weltbildes und des Atomismus gedacht haben, dem er seine erste Schrift das *Compendium musicae* von 1618 zum Geschenk machte. Alles in allem war es für Descartes zunächst darum gegangen, »verschiedene Erfahrungen zu sammeln« und sich selbst »in den Begebenheiten auf die Probe zu stellen, die das Schicksal [ihm] bereitete, und immer über die Dinge, die sich [ihm] präsentierten, solche Überlegungen anzustellen, daß [er] daraus irgendeinen Gewinn ziehen konnte«.[48] Er suchte einen Zugang zum wissenschaftlichen Netzwerk der Republik der Gelehrten. Von Anfang an spürte er aber auch »den starken Wunsch«, wie es weiter im *Entwurf der Methode* heißt, »Wahres vom Falschen unterscheiden zu lernen, um in seinen Handlungen klar zu sehen und in diesem Leben mit Sicherheit voranzuschreiten«.[49]

Obwohl Descartes die Mathematik wegen »der Gewissheit und Evidenz ihrer Begründungen«[50] wertschätzte, sah er in ihr nicht die sichere Grundlage für die Erkenntnis der Welt und ein souveränes Handeln. Auch die Erfahrung und die Gewohnheit ebenso wie die aufmerksamen Betrachtungen der sittlichen Handlungen anderer lieferten ihm nichts, dessen er sich gewiss sein konnte. So sah er sich gezwungen, die Perspektive zu wechseln. Er ging vom äußeren Standpunkt des achtsamen Beobachters der Welt zum inneren Anblick des Geistes über. Er klappte zumindest für eine Zeit lang das große Buch der Welt zu, um in sich selbst zu studieren und die ganze Kraft seines Verstandes dafür zu verwenden, zu einem sicheren Fundament zu gelangen. Sein erster Biograph Adrien Baillet berichtete in diesem Zusammenhang von drei wegweisenden Träumen, die Descartes in der Nacht auf den 11. November 1619 in Neuburg an der Donau nahe Ulm hatte und die ihn veranlassten, über die Methode seiner Philosophie nachzudenken.[51] Allerdings ist diese biographische Episode, die, ebenso wie das Motiv des Rückzugs in die warme Stube, unser Bild des Philosophen bis heute prägt, keineswegs identisch mit der Cartesischen Methode selbst. Über diese schwieg sich Descartes im *Entwurf über die Methode* weitestgehend aus, sieht man einmal von den vier recht allgemein gehaltenen Regeln ab, die er im zweiten Abschnitt formulierte.[52] Allerdings hat er in den zu Lebzeiten unveröffentlichten und unvollendeten *Regeln zur Ausrichtung der Geisteskraft*,[53] an denen er mit Unterbrechungen seit etwa 1619 bis zu seiner Übersiedelung in die Niederlande arbeitete, seine Methode grundlegend durch eine klare Grenzziehung zwischen der geistigen und der materiellen Sphäre ausgezeichnet, die es ihm erst ermöglichte, beide getrennt voneinander zu erforschen: *Divide et impera*![54]

Diesem methodischen Grundsatz folgend, ordnete Descartes auch die 1629 vorläufig abgeschlossene Abhandlung unter, die er ein Jahrzehnt später in einer überarbeiteten Fassung 1641 als die berühmten *Meditationen über die Erste Philosophie* veröffentlichte,[55] als »das Wenige an Metaphysik«, wie Descartes an seinen Freund, den Theologen und Mathematiker Marin Mersenne, am 11. November 1640 schrieb, das »alle Prinzipien meiner Physik enthält«.[56] Während für ihn im Denken das sichere Fundament der Physik lag, war die materielle Welt wesentlich durch ihre Ausdehnung bestimmt. Descartes glaubte weder an ein Vakuum noch an die Existenz von Atomen. Er reduzierte die materiellen Körper auf ihre quantifizierbaren Eigenschaften: die Bewegung, unendliche Teilbarkeit, Größe und Gestalt. Auf dieser begrifflichen Grundlage entwarf er ein im Kern mechanistisches Weltbild, eine Alternative zur Aristotelischen Qualitäten-Physik, die über einige Jahrhunderte die intime Verbündete der Theologie war, insofern sie dem Menschen als Gottesgeschöpf den natürlichen Ort im Zentrum des Universums zuwies; eine heilige Allianz, der

Descartes nur mit gebotener Vorsicht, klug kalkulierend und allenfalls maskiert gegenübertreten wollte: »Wie Schauspieler, die eine Maske tragen, damit man ihr Lampenfieber nicht bemerkt, so werde auch ich eine Maske tragen, wenn ich in dem Theater dieser Welt, in dem ich bislang nur Zuschauer gewesen bin, meinen Auftritt habe«, notierte er mit flinker Feder am Neujahrstag 1619.[57] Und noch im *Entwurf der Methode* legte Descartes kein unverhülltes Bekenntnis ab, sondern publizierte anonym und wollte am liebsten im Verborgenen bleiben. Mit anderen Worten: Er zog sich aus der Affäre.

Allerdings beschrieb er seine Sichtweise in dem zurückgestellten Manuskript *Die Welt oder Abhandlung über das Licht* in Gestalt einer Fabel, im behänden Stil einer prosaischen Erzählung,[58] die er mit einer Vielzahl von Illustrationen untermalte und aus der sich die einzelnen Überzeugungen, wie die der umkämpften Erdbewegung, nur schwerlich herauspicken ließen, ohne dadurch die Statik und Stimmigkeit des gesamten Weltbildes zu beeinträchtigen. Die Bewohner der fiktiven Erde sollten »das Gesicht ihres Himmels ganz ähnlich sehen können wie das des unsrigen«,[59] so dass sie folglich auch ähnliche Erfahrungen machen konnten wie wir. Wie später Hume sprach Descartes in diesem Zusammenhang von einer *moralischen Gewissheit*, die er mit einer sicheren Lebensführung identifizierte und streng von der höherwertigen theoretischen Sicherheit der Prinzipien unterschied, um die es ihm allein in den metaphysischen *Meditationen* ging.[60] Und hierin dürfte wohl auch der eigentliche Grund gelegen haben, weshalb Descartes nach der erschütternden Nachricht von der Verurteilung Galileis – der, wie er Mersenne schrieb, »sogar beim Papst wohlgelitten ist«[61] –, die Veröffentlichung seiner Physik verschob. Da die *Meditationen* noch nicht fertiggestellt waren, hätte er die Physik zu diesem Zeitpunkt ohne einen sicheren Boden unter den Füßen publizieren müssen. Doch unter den gegebenen Umständen war es für Descartes zweifellos eine Frage des intellektuellen Überlebens, ein unfehlbares Fundament zu haben, um gegenüber den Theologen – seine Gegner standen sowohl auf katholischer wie protestantischer Seite –, Rechenschaft über sein gesamtes Weltbild einschließlich der umkämpften Erdbewegung ablegen zu können.[62]

Die Verteidigung eines im Kern mechanistischen Weltbildes, die sich im Wesentlichen auf die Autonomie des eigenen Verstandes stützte, bedeutete aus seiner Sicht aber keine Konkurrenz zur Kirche, da diese schließlich auf die göttliche Offenbarung und die überlieferten Zeugnisse der Evangelien setzte. Hume wird diese Quellen später in seinen religionskritischen Schriften in

Zweifel ziehen. Descartes hingegen trat für eine vernünftige Metaphysik in den *Meditationen* ein, die mit einem religiösen Glauben nicht zu rivalisieren brauchte. Im Grunde genommen ging es ihm um die Umsetzung seines methodischen Prinzips der Trennung von Körper und Geist: den Entwurf eines mechanistischen Weltbildes, einschließlich des als Maschine verstandenen menschlichen Körpers und einer moralischen Gewissheit der Lebensführung, und die unumstößliche Selbstgewissheit des eigenen Verstandes, die auch für einen Gottesbeweis zugrunde gelegt werden konnte. So hatte Descartes am 15. April 1630 an Mersenne geschrieben:

> Nun schätze ich, daß alle jene, denen Gott den Gebrauch dieser Vernunft gegeben hat, verpflichtet sind, sie vor allem dafür zu verwenden, zu versuchen, ihn zu erkennen und sich selbst zu erkennen. Das ist es, womit ich meine Studien zu beginnen versucht habe; und ich werde Ihnen sagen, daß ich die Fundamente der Physik nicht hätte finden können, wenn ich sie nicht auf diesem Weg gesucht hätte.[63]

Als den Träger seiner grundlegenden Methode zeichnete Descartes den »gesunden Menschenverstand« (»le bon sense«) aus, der ihm als »die am besten verteilte Sache auf der Welt« schien, wie es im ersten Satz des *Entwurfs der Methode* heißt.[64] Gleichwohl war er nicht allzu sehr davon überzeugt, dass ihm viele auf seinem Weg folgen würden und sich verpflichtet fühlten, mit ihm gemeinsam nachzudenken, obwohl er in den *Meditationen* den Leser regelrecht in seinen Gedankengang hineinzieht. Eine ähnliche Sogwirkung vermag auch Wittgensteins *Tractatus* zu erzeugen. Auch dieser betonte in seinem Vorwort, dass nur der das Buch verstehen wird, »der die Gedanken, die darin ausgedrückt sind – oder doch ähnliche Gedanken – schon selbst einmal gedacht hat«.[65] Und ebenso wie Descartes hatte Wittgenstein noch im *Tractatus* ein unerschütterliches und unbezweifelbares Fundament ausgezeichnet: das unantastbare und unergründliche Ich der Philosophie, das metaphysische Subjekt als selbstbestimmte Grenze der Welt, die zusammenfiel mit der logischen Grenze all dessen, worüber man nachdenken und sinnvoll sprechen konnte.

Schon bald nach seiner Rückkehr zur Philosophie im Jahre 1929 begann Wittgenstein jedoch diese logische Grenze unter Heranziehung verschiedener Kriterien umzugestalten. Er wechselte von der inneren Perspektive der *Tractatus*-Philosophie in die äußere Ansicht der Sprachspiele als die Verkörperungen einer gemeinsam geteilten Lebensform.[66] Unter Sprachspielen, der Begriff wird von ihm Anfang der 1930er Jahre erstmals benutzt, verstand Wittgenstein klar umrissene, mehr oder weniger komplexe Einheiten von verbalen und damit verknüpften nicht-verbalen Handlungen, anhand derer sich der Gebrauch von Sprache in überschaubaren Zusammenhängen studieren und übersichtlich darstellen ließ, um schließlich Probleme der Philosophie zu klären: »Sieh auf das Sprachspiel als das *Primäre!* Und auf die Gefühle, etc. als auf eine Betrachtungsweise, eine Deutung, des Sprachspiels«, heißt es in den *Philosophischen Untersuchungen*, und die Erklärungen waren damit an ihren Schlusspunkt gelangt: »Unser Fehler ist, dort nach einer Erklärung zu suchen, wo wir die Tatsachen als ›Urphänomene‹ sehen sollten. D. h., wo wir sagen sollten: *dieses Sprachspiel wird gespielt.*«[67]

Ende 1947 verließ Wittgenstein Cambridge. Seine Professur, die er 1939 in der Nachfolge Moores übernommen hatte, gab er auf. Er wollte sich fortan auf die Arbeit an seinen Schriften konzentrieren. Er verbrachte einige Zeit in Irland – er arbeitete dort an der Philosophie der Psychologie und an den Bemerkungen, die später als umstrittener zweiter Teil der *Philosophischen Untersuchungen* erschienen und in denen es um die menschliche Seele geht –,[68] bevor er im Juli 1949 in die USA weiterreiste, um Norman Malcolm, einen Freund und ehemaligen Studenten, in Ithaca zu besuchen. Es waren die Gespräche mit

Malcolm über die vermeintliche Sicherheit des gesunden Menschenverstandes, die ihn herausforderten, über das Verhältnis zwischen *Wissen* und *Gewissheit* nachzudenken und einige Ideen in diesem Kontext weiterzuentwickeln,[69] aber auch auf Descartes' Grundlegung unseres Weltbildes einzugehen. Zurück in Europa – ab Herbst 1949 hielt sich Wittgenstein bei seiner Familie in Wien auf –, entstanden die ersten Aufzeichnungen, die posthum in *Über Gewißheit* eingingen. Im April 1950 war er wieder in England und zu Gast bei Georg Henrik von Wright in Cambridge, bei Rush Rhees in London und bei Elizabeth Anscombe in Oxford, alle drei ehemalige Schüler und seine späteren Nachlassverwalter, bevor er im März 1951 in das Haus seines Arztes übersiedelte. Er kam nicht mehr dazu, seine letzten Bemerkungen zu sichten und zu überarbeiten, auch ihre Nummerierung rührt von den späteren Herausgebern her.

Wittgenstein entwickelte in den letzten anderthalb Jahren seines Lebens in *Über Gewißheit* eine Position, die sich wesentlich von seinen vorherigen Auffassungen aus dem *Tractatus* und den *Philosophischen Untersuchungen* unterschied – obgleich er durchaus an das eine oder andere seiner früheren Auffassungen anschloss. Dennoch lässt sich von einem dritten Wittgenstein sprechen.[70] Diese neuartige Position kann unter den Begriff eines nicht-epistemischen und gewissermaßen

»eingeübten Fundamentalismus« gefasst werden, insofern es darum geht, den in einer gemeinsam geteilten Lebensform realisierten Sprachspielen ein sicheres und unverzichtbares Fundament zu verleihen. Dieses braucht sich dabei nicht auf die epistemischen Kriterien der Wahrheit und Rechtfertigung zu stützen – »Wenn das Wahre das Begründete ist, dann ist der Grund nicht *wahr*, noch falsch«[71] –, noch unterliegt es einem begründbaren Zweifel, sondern wird durch im guten Glauben hingenommene Gewissheiten konstituiert.[72] Das Fundament hält dabei all die vielfältigen Ressourcen bereit, die wir in einem geteilten Weltbild für unsere gemeinsame Lebensweise nutzen können. Fundament und Weltbild stehen somit nach Wittgenstein in einem funktionalen Zusammenhang zueinander.[73]

In diesem Verhältnis sind die Gewissheiten die stabilen Träger unserer gemeinschaftlichen Lebensform, ohne deren Zutun es keine Übereinstimmung in den Sprachspielen gäbe. Sie bilden den gefestigten Grund unseres Weltbildes, der weder, wie Descartes in den *Meditationen* glaubte, durch die vermeintlich unbezweifelbare Selbstgewissheit eines im Denken die Welt repräsentierenden Subjekts zu beschreiben sei, noch durch eine selbstbestimmte Grenze der Sprache, wie sie Wittgenstein im *Tractatus* vermittels der formalen Logik zwischen dem Sagbaren und dem Unsagbaren zog. Vielmehr handelt es sich um das überkommene Substrat einer eingeübten Praxis, die der Einzelne als Teil einer Gemeinschaft ganz selbstverständlich im Fluss des Lebens entdeckt und durch Unterricht aufnimmt und trainiert;[74] den hergebrachten Hintergrund, der zwar hinzunehmen sei, der aber trotzdem beschrieben, weiter erforscht, spezifiziert und um weitere Lebensressourcen angereichert werden kann.[75]

In *Über Gewißheit* schrieb Wittgenstein: »Aber mein Weltbild habe ich nicht, weil ich mich von seiner Richtigkeit überzeugt habe; auch nicht, weil ich von seiner Richtigkeit überzeugt bin. Sondern es ist der überkommene Hintergrund, auf welchem ich zwischen wahr und falsch unterscheide.«[76] Indem er in diesem Zusammenhang in seinen beiden letzten Lebensjahren das Verhältnis zwischen Wissen und Gewissheit neu ausrichtete, rückte er an die Stelle des Cartesischen Fundaments allen Wissens objektive Gewissheiten, die sich im Fluss des Lebens als feststehender und unbezweifelbarer Grund all unserer Überzeugungen und Handlungen in einem Weltbild manifestieren. Doch wie sich im Weiteren nun zeigen wird, hatte auch Descartes die metaphysische Grundlegung aus den *Mediationen* noch einmal revidiert und diese in seinem letzten Werk um ein emotional verankertes Weltbild ergänzt, in dessen Beschreibungen auch seine Befürchtungen in der existenziellen Krise nach der Verurteilung Galileis einen Platz finden konnten.

4. Wissen und Gewissheit

Es ist hier eine Grundlage meines ganzen Handelns. Aber mir scheint, sie ist falsch ausgedrückt durch die Worte: »Ich weiß …«.
Ludwig Wittgenstein[77]

Der späte Wittgenstein suchte nach Gewissheiten, die den Zweifel zur Ruhe kommen ließen. So spitzte er am Ende seines Lebens, das zuvor über Sprachspiele und Lebensformen in den *Philosophischen Untersuchungen* entwickelte, auf den Unterschied zwischen Wissen und Gewissheit zu.[78] Er suchte darüber auch verstärkt die Auseinandersetzung mit anderen, die Gespräche mit Norman Malcolm und einigen seiner Kollegen und Studenten an der Cornell University während seines Aufenthaltes in den USA im Sommer 1949 hatten für ihn dabei einen besonderen Reiz. Wittgenstein war mittlerweile körperlich auf Hilfe angewiesen. Seine Gedanken empfand er zuweilen als fade. Doch das Thema forderte ihn noch einmal heraus.

Im Rahmen seines Sprachspielansatzes war der Gebrauch des Wortes »wissen« wesentlich mit einer eingeübten Praxis der Vergewisserung und damit einer Reihe von Tätigkeiten des Überprüfens und Nachforschens verbunden. »›Ich weiß‹ bezieht sich auf eine Möglichkeit des Dartuns der Wahrheit«, heißt es kurz und bündig in *Über Gewißheit*.[79] So müssen wir nach Wittgenstein die Regeln des Sprachspiels, das Geben und Nehmen von Gründen bereits beherrschen, um uns von der Wahrheit einer Aussage überzeugen zu können. Zugleich ist es in diesen Situationen immer möglich, sich zu irren. Wissen und Zweifel sind für Wittgenstein somit aufs engste miteinander verbunden. Denn etwas zu wissen bedeutet, den Zweifel und das Begehen von Fehlern zuzulassen. Daher offenbart sich in unserer gewöhnlichen Einstellung zur Wahrheit stets ein dialektisches Verhältnis, nämlich dass wir an ihr zweifeln können und uns anderen gegenüber verpflichtet fühlen, triftige Gründe für sie anzugeben – selbst dann, wenn es dafür keinen Anlass gibt. Allerdings gibt es auch derart festgefügte Glaubensinhalte, die keinen Zweifel und Irrtum zulassen; auch Gott selbst könnte uns hierüber nichts erzählen. Die Gründe, die wir für solche Inhalte angeben können, sind nicht sicherer als der Inhalt des Geglaubten selbst: »Ich will sagen: Daß ich nicht auf dem Mond gewesen bin, steht für mich *ebenso* fest, wie irgendeine Begründung dafür feststehen kann.«[80] Im Unterschied zu den Inhalten des Wissens sprach Wittgenstein hier von »objektiven Gewissheiten« und brachte damit zum Ausdruck, dass der feststehende, nicht weiter begründbare und über Zweifel erhabene Grund unseres Weltbildes erreicht sei.[81]

Dieses Fundament bestand für ihn in einer Umgebung, die eine wirtliche Niederlassung für unsere Lebensweise bildet – »[d]as woran ich festhalte, ist nicht *ein* Satz, sondern ein Nest von Sätzen«[82] –, deren Gefüge selbst wir für gewöhnlich nicht explizit verbalisieren und gedanklich erfassen. Es sind ererbte und aufgenommene Glaubensinhalte, die wir im Vertrauen und ohne Begründung akzeptieren, von denen wir nicht durch Gedankengänge in rechtfertigender Absicht überzeugt sind, sondern die wir in den geregelten Abläufen und paradigmatischen Ereignissen unserer gemeinsam geteilten Lebensform anerkennen.[83] Üblicherweise bilden diese objektiven Gewissheiten den nicht weiter in Zweifel zu ziehenden Hintergrund all dessen, was wir gerechtfertigt für wahr halten und von dem wir überzeugt sind, dass wir es wissen. Unter den Begriff der objektiven Gewissheit fallen somit die fundamentalen und sicheren Inhalte eines Glaubenssystems, die sich *kategorisch* vom Wissen unterscheiden, zugleich charakterisiert die objektive Gewissheit aber auch unsere existenzielle Einstellung zu diesen Inhalten, die wir in der Regel für all unsere Aktivitäten einschließlich der unseres Seelenlebens hinnehmen und einsetzen.[84]

Wittgenstein interessierte sich für beide Aspekte objektiver Gewissheit und grenzte sie nicht nur vom Wissen selbst ab, sondern auch von einer »subjektiven Gewissheit«: eines bloßen Überzeugtseins in Ermangelung irgendwelcher begründbarer Zweifel.[85] In diesen Zusammenhang stand auch seine Kritik an Moores origineller Verteidigung des gesunden Menschenverstandes, über die er mit Malcolm eingehend diskutiert hatte.[86] Moore, mit dem Wittgenstein seit seinen ersten Studientagen in Cambridge im Jahre 1911 bekannt war und der später, Pfeife rauchend, auch an seinen Vorlesungen teilnahm, hatte in einem Aufsatz eine Anzahl alltäglicher Äußerungen aufgelistet, von denen er *glaubte*, er *wisse* sie mit Bestimmtheit; z. B., dass er einen Körper besitze, sich nie weit weg von der Erdoberfläche entfernt habe oder die Erde schon seit Millionen von Jahren existiere.[87] Doch brachte er damit kein Wissen zum Ausdruck. »Man sieht eben nicht«, so Wittgenstein, »wie sehr spezialisiert der Gebrauch von ›Ich weiß‹ ist. – Denn ›Ich weiß …‹ scheint einen Tatbestand zu beschreiben, der das Gewußte als Tatsache verbürgt. Man vergißt eben immer den Ausdruck ›Ich glaubte, ich wüßte es‹«.[88] Moores Äußerungen entsprachen vielmehr den feststehenden Glaubensinhalten am sicheren Grund unseres Weltbildes. Außerdem wies Wittgenstein Moores Ansinnen auch deshalb zurück, da er sein vermeintliches Wissen dafür nutzen wollte, den Skeptizismus zu widerlegen. Denn die Möglichkeit, der universellen Skepsis zu entgehen, setzte zuvorderst eine *prinzipielle* Grenze zwischen dem Wissen und der Gewissheit voraus.[89] Hatte Wittgenstein eine solche Grenze noch im *Tractatus* unter Berufung auf die universelle Geltung der formalen Logik festgelegt und dabei das Sagbare vom Unsagbaren streng voneinander geschieden, zog er sie nunmehr in Abhängigkeit von den jeweils spezifischen Sprachspielen, die wir vor dem Hintergrund einer gemeinsam geteilten Lebensform beherrschen. Insofern lag es an der komplexen Logik der Sprachspiele, die auch unsere geistig-seelischen Zustände miteinschloss, dass der Zweifel über bestimmte Glaubensinhalte an sein Ende kam und die objektiven Gewissheiten auf dem feststehenden Fundament unseres Weltbildes erreicht wurden.

Auch Descartes hatte in den *Meditationen*, wie schon angeführt, nach einem sicheren und unbezweifelbaren Fundament unseres Wissens gesucht. Dabei hatte er am ersten Tag seiner inneren Klausur zunächst eine Reihe von Gründen angeführt, die ihn an all dem zweifeln ließen, was er bis dato zu wissen glaubte. Da waren zuvorderst die Sinne, die ihn von Zeit zu Zeit getäuscht haben, auf sie konnte er sich nicht mehr verlassen. Zweifel beschlichen ihn aber auch bezüglich der Frage, ob er tatsächlich wach sei, angekleidet und am Tisch säße, oder ob er dies alles nur träumen würde. Und schließlich ließ ihn die Annahme eines diabolischen Täuschergottes, der ihn beständig zum Narren hielt, an den für sicher erachteten Resultaten der Mathematik zweifeln. Letztlich zielten all diese Zweifel jedoch darauf ab, etwas Sicheres und Wahres zu finden, das nicht mehr zu bezweifeln war. Indem sich Descartes im Denken auf sich selbst bezog, stand für ihn sicher fest, dass er ein denkendes Etwas sei, ein die Welt im Denken repräsentierendes Wesen, das – falls es noch andere Dinge in der Welt gäbe –, von diesen verschieden sei und unabhängig existiere.[90] Für diese Gewissheiten führte Descartes unterschiedliche Kriterien an, zudem hatten sie sich insbesondere gegenüber der Annahme des Täuschergottes zu bewähren. Die Gewissheit der eigenen Existenz erwies sich zuvorderst als selbstverifizierender Gedanke. Durch einen gegenwärtigen Akt des Denkens stellte sich die sichere Überzeugung ein, dass es da etwas gibt, nämlich das eigene Ich, das denkt. Gegen diese selbstevidente Augenblicksgewissheit war auch der Täuschergott machtlos.[91] War dies mit den Worten Descartes »eine gewissermaßen selbstverständliche Sache durch eine einfache Intuition des Geistes«[92] – eine innere Erkenntnis, die letztlich auf dem angeborenen Wissen der Bedeutungen der Wörter »Denken« und

»Existenz« beruhte[93] –, bedurfte es für die weiteren Betrachtungen eines analytischen Zugriffs, um den eigenen Geist vom Körper getrennt zu erforschen und beide in ihren wesentlichen Attributen zu erfassen.

Nachdem Descartes die für die materielle Welt zentralen Merkmale der Ausdehnung, Bewegung, Größe und Gestalt herausgestellt hatte, zeichnete er entsprechend seinem methodischen Grundsatz einer strikten Trennung von Körper und Geist das Denken als das wesentliche Attribut des Geistes aus: »Ich bin ein wahres und wahrhaftig existierendes Ding; welcher Art Ding aber? Ich sagte es bereits, ein denkendes.«[94] Auf der Basis dieser Erkenntnis, in der, so Descartes, »nichts anderes enthalten [ist] als eine gewisse klare und deutliche Erfassung dessen, was ich behaupte«,[95] schloss er in der *Dritten Meditation* auf eine allgemeine Wahrheitsregel, die ihn fortan bei all seinen Untersuchungen leiten sollte: »Demnach scheint es mir möglich, als allgemeine Regel aufzustellen, daß alles das wahr ist, das ich äußerst klar und deutlich erfasse.«[96] Zugleich wies er allerdings auch darauf hin, dass es einer gewissen Übung und Gewohnheit unseres Verstandes bedürfe, um diese Regel richtig anzuwenden.[97] Die Annahme eines täuschenden Gottes ließ Zweifel an der richtigen Anwendung der Wahrheitsregel zu, aber auch ohne diese Annahme war ein Zweifel an ihrer sicheren Anwendung prinzipiell nicht ausgeschlossen. Dieser »offenkundige Widerspruch«, auf den Descartes ebenfalls am dritten Tag seiner *Meditationen* stieß, veranlasste ihn, die am Vortag etablierte Gewissheit der eigenen Existenz erneut in Frage zu stellen, insofern er sie unter die Regel subsumierte.[98] Der berühmte Grundsatz »Ich denke, also bin ich« oder anders formuliert: »*Ich bin, ich existiere*, sooft es von mir ausgesprochen oder durch den Geist begriffen wird«,[99] entpuppte sich folglich als eine *unsichere Gewissheit.* Denn war Descartes in der *Zweiten Meditation* noch davon überzeugt, dass dieser Grundsatz unzweifelhaft feststehe und er seinen Inhalt sicher weiß, so zweifelte er diesen in der *Dritten* unter der Annahme der allgemeinen Wahrheitsregel wieder an.

Dieses Paradox der unsicheren Gewissheit konnte Descartes in den *Meditationen* nicht auflösen. Er vermochte hier lediglich auszuschließen, dass er sich irrt, solange er die Wahrheitsregel sicher anwendet, wofür es – vorausgesetzt ein allgütiger Gott hat uns diese Regel eingegeben – immer einer gewissen Übung und Gewohnheit bedurfte.[100] Doch selbst unter der Voraussetzung eines perfekt trainierten Geistes war der Irrtum nicht prinzipiell ausgeschlossen, da auch in diesem Fall die Wahrheitsregel angewendet werden musste. So lieferte erst Wittgenstein mit der kategorischen Unterscheidung zwischen Wissen und Gewissheit einen Ausweg. Denn für ihn ließen sich an den Ankerpunkten der Sprachspiele keine weiteren Begründungen anführen. Die Gewissheiten zeigen sich in bestimmten Denk- und Handlungsweisen und unserer Sympathie für eine gemeinsam geteilte Lebensform. »Das Hinzunehmende, Gegebene – könnte man sagen – seien *Lebensformen*«, heißt es in den *Philosophischen Untersuchungen*.[101] Gegenüber Malcolm hatte Wittgenstein »als Resümee eines größeren Teiles seiner Philosophie« angeführt: »Ein Ausdruck hat nur im Strome des Lebens Bedeutung«,[102] er wird praktisch bestätigt – und *doch* stehen dabei bestimmte Grundsätze fest: die sedimentierten Gewissheiten, die das Flussbett formen; eine beruhigte Sicherheit, die das »Fundament alles Operierens mit Gedanken (mit der Sprache)« bildet.[103] »Ich muß immer wieder im Wasser des Zweifels untertauchen«, schrieb Wittgenstein,[104] allerdings geht dem Zweifel dabei allmählich die Luft aus, er verliert seinen Sinn und sinkt auf den beharrlichen Boden der Gewissheiten, die wir als die Grundlage einer gemeinsam geteilten Lebensform akzeptieren und im Denken und Handeln bei all unseren Aktivitäten einsetzen.

Logisch betrachtet spielen diese Gewissheiten die Rolle von konstitutiven Regeln des Begründens einer mehr oder weniger spezialisierten Praxis des Urteilens und Handelns und lassen sich stillschweigend erlernen.[105] Unter dem Blickwinkel der menschlichen Natur basieren sie ganz im Sinne Humes auf etwas instinktiv Animalischem,[106] und sie können in festen Glaubenssätzen verbalisiert werden, wozu es jedoch meistens nicht kommt. Schließlich prägen sie unsere existenziell bedeutsame Einstellung, die einen legitimen Zweifel an ihrer Vertrauenswürdigkeit nicht mehr aufkommen lässt.[107] Denn, so Wittgenstein, »wenn ich nun sagte ›Es ist meine unerschütterliche Überzeugung, daß etc.‹, so heißt das in unserm Falle auch, daß ich nicht bewußt durch bestimmte Gedankengänge zu der Überzeugung gelangt bin, sondern, daß sie solchermaßen in allen meinen *Fragen und Antworten* verankert ist, daß ich nicht an sie rühren kann«.[108] Insofern wir uns damit in Sprachspielen auf die unverrückbaren Gewissheiten einer gemeinsam geteilten Lebensform verlassen,[109] fühlen wir eine *»beruhigte* Sicherheit« – »Ich bin beruhigt, daß es so ist« –,[110] und *dennoch* können auch diese objektiven Gewissheiten erschüttert werden, wie es unter den Umständen einer persönlichen Krise oder in einer gesellschaftlichen Ausnahmesituation geschieht.

Descartes hingegen hatte in den *Meditationen* Gewissheiten ausgezeichnet und durch die Wahrheitsregel des reinen Vernunftgebrauchs begründet, die keine Verankerung in der Praxis des

Lebens besaßen und damit *existenziell bedeutungslos* blieben, wenn sie auch für einen Moment Sicherheit boten.[111] Er schränkte damit die Gewissheiten auf die eigenen Gedanken und die Erkennbarkeit der mathematischen Eigenschaften der materiellen Welt ein. Es war Elisabeth von der Pfalz, die Descartes vor diesem Hintergrund dazu anstachelte, seinen metaphysisch-methodischen Ansatz und insbesondere die strikte Trennung von Körper und Geist nochmals zu überdenken. Nachdem er einmal mehr seinen Aufenthaltsort in den Niederlanden gewechselt hatte – er war im Mai 1643 von Schloss Endegeest in der Nähe von Leiden nach Egmond aan den Hoef bei Alkmaar umgezogen –, begann Elisabeth mit Descartes einen Briefwechsel, der bis kurz vor seinem Tod andauerte; bis heute halten sich Gerüchte, er wäre am Hof der Königin Christiana von Schweden im Februar 1650 aus religiösen Motiven ermordet worden,[112] allerdings ist wohl eher davon auszugehen, dass er an einer Lungenentzündung starb.

Descartes hatte die Pfalzgräfin an ihrem Exilhof in Den Haag während des Winters 1642/43 kennengelernt und häufig besucht. Sie war eine aufmerksame und scharfsinnige Leserin seiner Werke, später gab sie Privatstunden über seine Philosophie. Schon in ihrem ersten Brief an Descartes vom 6. Mai 1643 nahm sie den metaphysischen Dualismus aufs Korn, indem sie um »eine präzisiere Definition [...] von der Substanz der Seele [bat], die getrennt ist von ihrer Tätigkeit, dem Denken«.[113] In zwei Antwortschreiben vom 21. und 28. Juni stellte Descartes heraus, dass es eine Vereinigung von Körper und Geist gibt und in diesem Rahmen körperliche Vorgänge mit den Gefühlen und Leidenschaften der Seele korrelieren.[114] Dahingehend hatte er schon in der *Sechsten Meditation* der Auffassung widersprochen, die Seele wäre lediglich eine Art »Gespenst in der Maschine«, vielmehr seien unsere vielfältigen Emotionen wie auch die Sinnesempfindungen primär in einem mit dem Geist in wechselseitiger Beziehung stehenden Körper verankert.[115] Vor diesem Hintergrund und angeregt durch Elisabeths bohrende Fragen verfasste er sein letztes Werk: *Die Passionen der Seele*.[116]

Einen ersten Entwurf des Buches übergab er im Frühjahr 1646 an Elisabeth bei einem Besuch in Den Haag. Unter die Passionen gruppierte er alle Leidenschaften und Affekte, er verstand darunter jedoch auch Tugenden und Haltungen.[117] Die Passionen der Seele werden für Descartes stets durch Aktivitäten des mechanisch funktionierenden Körpers – aus unserer heutigen Sicht handelt es sich um physiologische Prozesse (Herzschlag, Blutdruck, Muskeltonus, Körpertemperatur, Gesichtsfarbe etc.) – hervorgebracht und verändert, wobei wir die in der Wahrnehmung repräsentierten Objekte und Ereignisse durch einen emotionalen Rahmen auffassen, den wir so erleben, als wäre er auf die Seele bezogen.[118] Dabei lernen wir mit der Zeit, unser emotional verankertes Weltbild richtig einzuschätzen, sowie die Emotionen zu steuern und zu verändern. Descartes nahm sogar an, dass sie für jeden beherrschbar seien.[119] Durch ihre Kontrolle lernen wir jedoch nicht nur die Einheit von Körper und Geist besser zu verstehen – ein Verständnis, das sich für Descartes nur im Kontext einer spezifischen Lebenspraxis herausstellt[120] –, sondern wir erlangen darüber auch eine Weisheit, die im Unterschied zu den theoretischen Gewissheiten der metaphysischen Meditationen die Herausforderungen des eigenen Lebens betrifft.[121]

Insofern bezieht sich die Autonomie bei Descartes nicht allein auf den Geist und offenbart sich in einer Art Weltflucht, die von ihm auch in den Niederlanden praktiziert wurde, wie er in seinen Briefen an Elisabeth mehrfach kundtat.[122] Sie zeigte sich außerdem in einer selbstbestimmten und zuträglichen Lebensweise, die auch im Einklang steht mit unserer emotionalen Natur. Denn erst die Selbstachtung als Gefühl der eigenen Würde – die, wie wir später noch sehen werden, gestützt wird durch den Respekt vor anderen und die Anerkennung durch andere – ebenso wie die Selbstkontrolle eines mit dem Körper wechselwirkenden Geistes ermöglichten für Descartes eine »unerschütterliche Zufriedenheit«, nämlich einen »festen und beständigen Willen zu haben«, das als Richtige Erkannte auch im Handeln umzusetzen.[123]

Gleichwohl liegen dabei keine durch die Vernunft abgesicherten und ein für alle Mal Geltung beanspruchende Prinzipien zugrunde, sondern worauf wir uns nach Descartes verlassen, sind die von ihm bereits im *Entwurf der Methode* ausgezeichneten Maximen einer provisorischen Moral,[124] an denen er auch später festhielt und für die er, wie nach ihm Hume, eine moralische oder besser *praktische Gewissheit* annahm, die den Umgang mit den eigenen Emotionen einschließt und für den jeweiligen Gebrauch im Leben ausreicht.[125] Descartes hatte damit die Gewissheiten aus den *Meditationen* ergänzt. Zudem schien der metaphysische Dualismus mit einer, die Emotionen konstituierenden Wechselwirkung von Körper und Geist und somit ihrer funktionalen Einheit vereinbar, womit er schließlich auch Elisabeths Frage nach dem Einfluss der Seele auf den Körper beantworten konnte. Obwohl die primär körperlich verankerten Emotionen, die wir wie auf die Seele bezogen erleben, für Descartes keine klaren und deutlichen, durch die Vollzüge der Vernunft gewonnenen Gedanken waren und sich demnach auch nicht unter die allgemeine

Wahrheitsregel subsumieren noch hinsichtlich ihrer Ursachen vollkommen aufklären ließen, unterlagen sie einer allmählich erlernten Selbstkontrolle. Die Empfindungen und Regungen einer verkörperten Seele spielten daher bei der Bewertung von in der Wahrnehmung repräsentierten Objekten und Ereignissen hinsichtlich ihrer Nützlichkeit und Zuträglichkeit für die eigene Natur eine zentrale Rolle.

Eine achtsame und selbstbestimmte Lebensführung, ausgerichtet an den Regeln einer provisorischen Moral und verankert in einem emotionalen Weltbild, bedeutete für Descartes daher die individuelle Fähigkeit, das als gut oder schlecht Beurteilte entsprechend im Handeln umzusetzen. Für ihn wurde über eine gefestigte emotionale Natur Handlungssicherheit gewährleistet. Doch ließ sich auch diese Sicherheit erschüttern. Denn für Descartes gab es keine absolute Ordnung in der Natur insgesamt und der jeweils spezifischen Wechselwirkung von Körper und Geist. Neben den unsicheren Gewissheiten im Denken vermag sich so auch eine existenzielle Skepsis einzustellen, die sich in unseren Affekten und Emotionen verkörpert. Für Hume zeigt sich im Umgang mit diesen Unsicherheiten der Charakter eines Menschen, der neben unseren Motiven für eine praktische Gewissheit in der Lebensführung ursächlich ist. Aus der Perspektive des späten

Wittgensteins jedoch lassen sich diese Erfahrungen unsicherer Gewissheiten im Gewand einer existenziellen Skepsis weitergefasst als eine Bedrohung und Gefahr für das *gemeinsam Geteilte* in unserer Lebensform auffassen.

5. Skepsis und Wirklichkeit

Der große Gegner, der [...] *die übertriebenen Prinzipien des Skeptizismus untergräbt, heißt Tätigkeit, Beschäftigung und die Verrichtungen des täglichen Lebens.*
David Hume[126]

In seinen letzten Bemerkungen, datiert auf den 27. April 1951, bezog sich Wittgenstein auf das in der *Ersten Meditation* von Descartes angeführte, radikal skeptische Szenario: Unser Leben sei eine anhaltende Illusion und gleiche einer privaten Traumwelt.[127] Als Grundlage für dieses Szenario gab Descartes die Erfahrungen unserer Fehlbarkeit an, in unseren Wahrnehmungen der Welt sicher beurteilen zu können, ob das Wahrgenommene etwas Wirkliches oder bloß Eingebildetes ist. Die Welt könnte daher prinzipiell eine permanente Illusion sein und wir könnten uns grundsätzlich darüber täuschen, wie die Zustände des Wachens und Träumens auseinanderzuhalten seien. Denn gelänge dies nicht und ließe sich damit nicht zwischen *Sein* und *Schein* unterscheiden, so liefen wir Gefahr, in die private Traumwelt des

Solipsismus abzugleiten, die jeden Kontakt zu einer mit anderen geteilten Welt verloren hat und in der unser Glaube, etwas wissen zu können, ein Irrtum sei.[128]

Wittgenstein begegnete diesem philosophischen Schreckgespenst einer universellen Skepsis auf eine erstaunlich abgebrühte und geistreiche Weise. Er notierte:

> Wenn Einer glaubt, vor wenigen Tagen von Amerika nach England geflogen zu sein, so glaube ich, daß er sich darin nicht *irren* kann. Ebenso, wenn Einer sagt, er sitze jetzt am Tisch und schreibe. ›Aber wenn ich mich auch in solchen Fällen nicht irren kann, – ist es nicht möglich, daß ich in der Narkose bin?‹ Wenn ich es bin und wenn die Narkose mir das Bewußtsein raubt, dann rede und denke ich jetzt nicht wirklich. Ich kann nicht im Ernst annehmen, ich träume jetzt. Wer träumend sagt ›Ich träume‹, auch wenn er dabei hörbar redete, hat sowenig recht, wie wenn er im Traum sagt ›Es regnet‹, während es tatsächlich regnet. Auch wenn sein Traum wirklich mit dem Geräusch des Regens zusammenhängt.[129]

Demnach ist es auf diesem Wege offenbar unmöglich, sich über den eigenen Zustand Klarheit zu verschaffen, denn es fehlt hier schlichtweg an triftigen Gründen – sowohl für das Wissen als auch für den Zweifel –, und so lässt sich auch keine Grenze zwischen dem wahren Sein und dem trügerischen Schein ziehen.[130] »[N]ur im Gebrauch hat der Satz Sinn«,[131] so Wittgenstein; im Traum aber werden Sätze wie »Ich träume« und »Es regnet« als Urteile über eine Innen- bzw. Außenwelt nicht sinnvoll verwendet. Wir können keine begründbare Entscheidung darüber treffen, ob sie wahr oder falsch sind, noch darüber, wo genau die Grenze zwischen innen und außen verläuft. Die Grundlage für diese Zurückweisung hatte Wittgenstein bereits im *Tractatus* gelegt. Ein die ganze Welt umfassender Skeptizismus konnte von ihm hier zwar nicht widerlegt werden, er hatte ihn aber als unsinnig abgetan, insofern dieser etwas bezweifelte, was sich nicht in Frage stellen ließ und worauf es deshalb auch keine sinnvolle Antwort geben konnte.[132]

Nach seiner Rückkehr zur Philosophie entwickelte Wittgenstein diese antiskeptische Strategie konsequent weiter, in den *Philosophischen Untersuchungen* ist sie als das Problem des Regelfolgens sehr bekannt geworden.[133] In diesem Rahmen schloss er auch mit dem berühmten Privatsprachenargument den sinnvollen Gebrauch einer narzisstischen Traumsprache aus.[134] Das am Ende von *Über Gewißheit* geschilderte Szenario geht somit eindeutig zu weit, die Argumentation greift ins Leere.[135] So müssen wir mit dem philosophischen Schreckgespenst der universellen Skepsis auch weiterhin leben. Da wir es nämlich nicht durch triftige Gründe austreiben können, bleibt uns nur, ihm im Vertrauen auf die gemeinsamen Gewissheiten unserer Denk- und Handlungsweisen entgegenzutreten.

Aus ähnlichen Gründen hatte auch Hume mit dem gemäßigten Skeptiker sympathisiert und dessen Charaktereigenschaften angenommen. Indem er dabei auf seine Instinkte setzte und sie gegenüber dem Verstand in den Fragen der Lebensführung bevorzugte, entging er schließlich den Fallstricken einer universellen Skepsis.[136] Lieber Geselligkeit beim Whist-Spiel anstelle der Einöde tagelanger Grübeleien, so lautete seine spätere Lebensmaxime.[137] Wittgenstein sah dies unter sprachphilosophischen Gesichtspunkten ganz ähnlich. Seine antiskeptische Lösung ist die Perspektive von gemeinsam Handelnden, die eingeübt in einen Sprachgebrauch Übereinstimmung erzielen. Dabei vertrauen sie grundlegend auf Gewissheiten, die in der gemeinsam geteilten Lebensform verankert sind und einen legitimen Zweifel an ihrer Vertrauenswürdigkeit nicht mehr zulassen.

Der gesamte überlieferte Hintergrund legt dabei fest, was als *Wirklichkeit* gilt: Er ist das aufgenommene und anerkannte Substrat eines Glaubenssystems, in dem die gerechtfertigten Tatsachen über die Dinge in der Welt zu einem Netz verwoben sind, aber auch objektive Gewissheiten festgemacht werden.[138] Diese spielen die Rolle eines eingeübten Fundaments, ohne sie gäbe es keine unbestrittene Übereinstimmung in unseren Denk- und Handlungsweisen, sie bestimmen grundsätzlich, was im Leben wirklich zählt und was überhaupt getan und beachtet werden sollte. Doch können wir aus dieser beruhigten Sicherheit auch wieder herausgerissen und fraglose Gewissheiten unter Umständen erschüttert werden. Der Hintergrund kann wieder in Bewegung geraten, »das Flußbett der Gedanken sich verschieben«, wie es bei Wittgenstein heißt.[139] So stellt sich bei uns das Gefühl einer existenziellen Skepsis ein, die jenseits von gerechtfertigt und ungerechtfertigt das *gemeinsam Geteilte* unserer Lebensform betrifft. Wittgenstein erläuterte dies an einem Beispiel:

> Es ist ganz sicher, daß Automobile nicht aus der Erde wachsen. – Wir fühlen, daß, wenn Einer das Gegenteil glauben könnte, er *allem* Glauben schenken könne, was wir für unmöglich erklären, und alles bestreiten könnte, was wir für sicher halten. Wie aber hängt dieser *eine* Glaube mit allen andern zusammen? Wir möchten sagen, daß wer jenes glauben kann das ganze System unsrer Verifikation nicht annimmt.[140]

Ganz ähnlich empfinden und beurteilen wir aber auch die existenziellen Erfahrungen in unserer heutigen Welt – den Zerfall gesellschaftlicher Systeme, den sich beschleunigenden Klimawandel, das Auftreten von Pandemien aber auch die Verleugnung dieser globalen Entwicklungen im Zeitalter des Anthropozäns –, nämlich als eine Bedrohung für das gemeinsam Geteilte unserer Lebensform. Denn es ist diese unbestrittene und dabei auch emotional stark verankerte Übereinstimmung mit anderen, die durch die Erfahrungen unsicherer Gewissheiten im Gewand einer existenziellen Skepsis erschüttert wird.[141] So kann Vertrautes wieder ins Rutschen geraten, eine emotional gefestigte Natur durcheinandergewirbelt und das stabile Gefüge von Gründen in Glaubenssystemen relativiert werden.[142] Es wird allerdings auch deutlich, dass wir angesichts dieser existenziellen Erfahrungen in *einer* Wirklichkeit leben, dass sich unsere Glaubenssysteme aufgrund einer gemeinsam geteilten Lebensform in einem Weltbild angleichen, miteinander überlappen und sich gegenseitig stützen können, und dass in den Konstellationen dieses die Welt und das Leben als Ganzes möglichst weitgehend umfassenden Bezugssystems auch die Religion und die Wissenschaft trotz ihrer Spannungen und Konflikte in den verschiedenen Begründungen von Tatsachen über die Dinge in der Welt miteinander vereinbar sind.

6. Religion und Wissenschaft

Religiöser Glaube und Aberglaube sind
ganz verschieden.
Der eine entspringt aus Furcht *und ist*
eine Art falscher Wissenschaft.
Der andre ist ein Vertraun.
Ludwig Wittgenstein[143]

Wittgensteins verstreute Aufzeichnungen über Religion gehen kaum über vage Andeutungen hinaus. Dies sollte jedoch nicht darüber hinwegtäuschen, dass er sich Zeit seines Lebens intensiv mit Fragen des religiösen Glaubens, insbesondere mit dem Christentum, aber auch mit dem Verhältnis zwischen der Religion und der Wissenschaft, verstanden als miteinander konkurrierende Glaubenssysteme, beschäftigte. Als er an den *Philosophischen Untersuchungen* arbeitete, sagte er zu einem seiner ehemaligen Studenten Maurice O'Connor Drury: »Ich bin zwar kein religiöser Mensch, aber ich kann nicht anders: ich sehe jedes Problem von einem religiösen Standpunkt.«[144]

Bereits 1912 hatte Wittgenstein die bis heute einflussreichen Gifford-Vorlesungen *Die Viel-*

falt religiöser Erfahrung des Psychologen und Begründers des amerikanischen Pragmatismus William James gelesen; eine Lektüre, die ihn tief beeindruckte.[145] James interessierte sich hier insbesondere für Berichte über religiöse Erfahrungen aus erster Hand, wie beispielsweise Erweckungen, Offenbarungen und Bekehrungen, und eine sich daraus formende religiöse Haltung gegenüber der Welt und dem Leben als Ganzes, aber auch dem eigenen Leben im Besonderen. Die von ihm zusammengestellten Beispiele religiöser Erfahrungen waren in Kombination mit ihrer bescheidenen und authentischen Darstellung für Wittgenstein überaus anziehend, gerade in der persönlichen Krise und den Gewissenskonflikten nach dem Ersten Weltkrieg suchte er nach einem angemessenen Geisteszustand, um ein gutes und anständiges Leben gemessen an den eigenen hohen Maßstäben zu führen. Die Suche nach philosophischer Klarheit bedeutete dabei für ihn immer auch eine Suche nach Klarheit über sich selbst. Im Wissen darum, dass auch andere in diesem Sinne besorgt sind und einige von ihnen, wie der russische Schriftsteller Lew Tolstoi, dessen Bekenntnisse James in sein Buch aufgenommen hatte,[146] ihre Daseinssorgen überwinden konnten, muss für Wittgenstein zugleich Trost und Motivation gewesen sein.[147]

Die von James zusammengetragenen Berichte über religiöse Erfahrungen begriff er daher als ernsthafte und aufrichtige Versuche, sich mit der eigenen Position in der Welt und dem eigenen Leben auseinanderzusetzen. Wie James verband er mit ihnen zuvorderst eine *sinnstiftende Verpflichtung* gegenüber der Welt und dem Leben, die einer gefühlten und harmonischen Anpassung des eigenen Lebens an eine göttliche oder höhere Ordnung entsprach.[148] Angesichts einer scharf gezogenen Grenze aufgrund der formalen Logik zwischen dem Sagbaren und dem Unsagbaren war er allerdings noch davon überzeugt, dass der Sinn der Welt und des Lebens als Ganzes undenkbar und unaussprechlich seien, womit sich das strikte Schweigegebot am Ende des *Tractatus* auch auf die existenziellen Grenzerfahrungen eines religiösen Glaubens erstreckte. »Der Sinn der Welt muß außerhalb ihrer liegen. In der Welt ist alles, wie es ist, und geschieht alles, wie es geschieht; es gibt *in* ihr keinen Wert – und wenn es ihn gäbe, so hätte er keinen Wert«, heißt es dort.[149]

Die folgenden Jahre, in denen er als Volksschullehrer auf dem Lande, Gärtner in einem Kloster und Architekt in Wien arbeitete, ließen bei ihm jedoch die Einsicht wachsen, dass es unsere eingeübten Praktiken (Gebräuche, Rituale, Zeremonien) sind, für Wittgenstein waren stets religiöse Praktiken darunter – er betete, nahm einfache

Arbeiten an und legte gegenüber Bekannten und Verwandten mehrfach Beichten ab[150] –, die ein Leben in seinen wesentlichen Zügen formen können. Angesichts existenzieller Erfahrungen können wir uns vor diesem überkommenen Hintergrund eingeübter Praktiken sicher aber auch bedroht fühlen, woher auch die Enttäuschung und die Erleichterung rühren, die sich im religiösen Glauben einstellen können. So kann aber auch ein ganzes Leben durch einen unerschütterlichen Glauben geregelt werden,[151] wobei die »Lebensregeln in Bilder gekleidet« sind, und diese Bilder einfach beschreiben, was wir tun sollen, »*Tu dies! – Denk so!*«; sie lassen jedoch weitergehende Erklärungen und tieferliegende Gründe ganz beiseite.[152]

Somit liegt die Bedeutung des religiösen Glaubens maßgeblich nicht in einer Theorie über das Universum, die Entstehung des Kosmos und des Lebens, worauf auch der Philosoph Tim Crane jüngst noch einmal hinwies.[153] Wir bringen mit ihm keine Hypothese, empirische Vorhersage oder theoretische Erklärung zum Ausdruck und daher ist der religiöse Glaube entgegen der Auffassung des bekannten schottischen Anthropologen James George Frazer – einer der Begründer der Religionsethnologie am Anfang des 20. Jahrhunderts, mit dem sich Wittgenstein kritisch auseinandersetzte –, ebenso wie der sogenannten Neuen Atheisten um Richard Dawkins und

Daniel Dennett auch keine irrtümliche Theorie über die Welt. »Aber *keiner* von ihnen war im Irrtum, außer wo er eine Theorie aufstellte«, schrieb Wittgenstein mit Blick auf die *Bekenntnisse* des Augustinus und eines buddhistischen Heiligen.[154]

Auch ist der religiöse Glaube kein bloßer Ausdruck besonders starker Gefühle, noch lässt er sich ursprünglich auf die schäumenden Wellen von Furcht und Hoffnung im stetigen Fluss des Lebens zurückführen, wie dies Hume dachte.[155] Wittgenstein kritisierte Hume für dessen Idee einer Gleichsetzung von Glaube und Gefühl – er hatte Humes Selbstanzeige zum *Traktat über die menschliche Natur* gelesen und in einigen Vorlesungen von 1940 bezog er sich direkt auf ihn[156] –, und er wies damit auch die Auffassung zurück, der religiöse Glaube sei nur ein Ausdruck besonders starker Gefühle und die Religion etwas rein Symbolisches. Obwohl der Mensch auch »ein zeremonielles Tier« ist, wie es in den Bemerkungen über Frazers *Der goldene Zweig* heißt, ist die Religion keine bloße Staffage, sondern sie ist »der tiefste ruhige Meeresgrund, der ruhig bleibt, wie hoch auch die Wellen oben gehen.«[157] Und doch gehen wir in einem derart gefestigten religiösen Glauben die Dinge leidenschaftlich an: »Wenn Du also im Religiösen bleiben willst, mußt Du *kämpfen*.«[158] »Es kommt mir vor«, notierte Wittgenstein in einer zusammenfassenden Bemerkung,

> als könne ein religiöser Glaube nur etwas wie das leidenschaftliche Sich-entscheiden für ein Bezugssystem sein. Also obgleich es *Glaube* ist, doch eine Art des Lebens, oder eine Art das Leben zu beurteilen. Ein leidenschaftliches Ergreifen *dieser* Auffassung. Und die Instruktion in einem religiösen Glauben müßte also die Darstellung, Beschreibung jenes Bezugssystems sein und zugleich ein in's-Gewissenreden. Und diese beiden müßten am Schluß bewirken, daß der Instruierte selber, aus eigenem, jenes Bezugssystem leidenschaftlich erfaßt.[159]

Im religiösen Glauben führen wir also unsere Denk- und Handlungsweisen in einem ruhigen Bezugssystem zusammen und es zeigt sich, was einem ins Gewissen spricht, »ein bestimmtes Bild«, das »immerfort die Rolle spielt, mich zu ermahnen«,[160] und was als objektive Gewissheiten aufgenommen und im Denken und Handeln auch mit Leidenschaft ergriffen wird. Mit einem derart im Leben verankerten religiösen Glauben erkennen wir ein Weltbild an, dessen sinnstiftende Verpflichtung gegenüber der Welt und dem Leben als Ganzes weder das Resultat einer Unterwerfung unter ein Dogma ist, noch die Folge eines vagen Rückgriffs auf die verklärten Ursprünge einer tief in der Vergangenheit wurzelnden Tradition und ihrer konstruierten Narrative, die uns um fiktive Ideale versammeln. Stattdessen gründet es *im Vertrauen* in die »Beschreibung eines tatsächlichen Vorgangs im Leben des Menschen. Denn die ›Erkenntnis der Sünde‹ ist ein tatsächlicher Vorgang, und die Verzweiflung desgleichen und die Erlösung durch den Glauben desgleichen.«[161]

Mit dem Vertrauen in ein solches Weltbild nehmen wir aber auch ein ganzes Glaubenssystem auf, in dem wir in den Tatsachen über die Dinge in der Welt und wodurch sie gerechtfertigt sind, übereinstimmen. Zugleich zeigt sich hier, inwiefern Glaubenssysteme voneinander abweichen können: So bestimmt die Wissenschaft durch eine Reihe präziser Messungen das Alter unseres Universums auf etwa 14 Milliarden Jahre, während die Religion anhand von Zeugnissen aus der Heiligen Schrift auf höchstens 10.000 Jahre kommt. Die biologische Evolution beschreibt die Entwicklung der Artenvielfalt als einen natürlichen Prozess, der auf den Mechanismen der Variation und Selektion beruht, während die Religion von der biblischen Schöpfungsgeschichte ausgeht. Und auch Galileis Auseinandersetzung mit der katholischen Kirche um die Richtigkeit der kopernikanischen Lehre von der Erdbewegung fügt nur eine weitere Episode zu einer langen Liste von Spannungen und Konflikten zwischen den Glaubenssystemen der Wissenschaft und der Religion hinzu.

Allerdings sind unsere Glaubenssysteme, wie wir schon feststellten, auch dadurch bestimmt, dass wir uns in ihnen auf ein eingeübtes Fundament verlassen oder wie es der amerikanische Philosoph Paul Boghossian ausdrückt, dass »irgendeine Form blinder (ungesicherter) Berechtigung zu grundlegenden Teilen des eigenen epistemischen Systems [...] klarerweise unvermeidlich [ist]«.[162] Das bedeutet also, dass wir ein Glaubenssystem nicht durchgehend in all seinen Bestandteilen in einer begründungs*fähigen* oder *-bedürftigen* Form zum Ausdruck bringen können. Somit gelangen wir schließlich auch in der Rationalität unserer Begründungen an ein Ende: Unserem vernünftigen Diskurs zwischen Glaubenssystemen sind zwangsläufig Grenzen gesetzt und der grundlegenden Regel kommunikativen Handelns, sich infolge eines Arguments zu einigen, ist der Boden entzogen.[163] Folglich können wir nur versuchen, das zwischen den Glaubenssystemen gemeinsam Geteilte in *einem* Weltbild zu entdecken. Wittgenstein sprach hier von einer übersichtlichen Darstellung unterschiedlicher Sprachspiele,[164] die allerdings auch die Vereinbarkeit von Religion und Wissenschaft deutlich machen kann, insofern wir Zusammenhänge zwischen ihnen vor dem Hintergrund des eingeübten Fundaments einer gemeinsam geteilten Lebensform feststellen können.

Blicken wir dafür noch einmal zurück, so beruhte das im Kern mechanistische Weltbild Descartes' als ein Ausgangs- und Ankerpunkt unseres modernen Welt- und Selbstverständnisses auf der allgemeinen Regel des gesunden Menschenverstandes, diejenigen Inhalte im Denken für wahr oder gewiss zu halten, die wir aufgrund des göttlichen Lichts des Verstandes und durch entsprechende Übung in den mathematischen Wissenschaften klar und deutlich einzusehen gelernt haben. Einzig unser Erkenntnisvermögen vermochte also soweit die Vereinbarkeit von Religion und Wissenschaft sicher zu stellen. Mit der Erweiterung dieses Fundaments um einen mit dem Körper wechselwirkenden Geist beschrieb Descartes darüber hinaus in den *Passionen der Seele* auch unsere Selbstgewissheit in der kontrollierten Beherrschung der Emotionen als Fundament einer praktisch moralischen Gewissheit. Auf eben diesen Pfaden hat später Hume die Grundlagen der menschlichen Natur vor dem Hintergrund eines emotional verankerten Weltbildes weiter erforscht, während der späte Wittgenstein beide Glaubenssysteme innerhalb einer gemeinsam geteilten Lebensform in einem Weltbild miteinander zu vereinbaren suchte.

Dieses umfassende Bezugssystem wird von uns jedoch nur eingeschränkt aufgenommen und wir müssen damit auch ein unsicheres Fundament an objektiven Gewissheiten respektieren und anerkennen: ein Weltbild nämlich, über dem das Licht erst nach und nach aufgeht.[165] So entwickeln wir in den Konstellationen dieses Bezugssystems unsere Denk- und Handlungsweisen und stellen auch verschiedene Begründungen von Tatsachen über die Dinge in der Welt an, wobei unsere Begründungsgefüge letztlich in ein eingeübtes Fundament münden, in dem jeder legitime Zweifel zur Ruhe kommt. Auf dem vertrauten Fundament unserer gemeinsam geteilten Lebensform aber können sich die Religion und die Wissenschaft als sinnstiftende Glaubensgemeinschaften gegenüber der Welt und dem Leben als Ganzes trotz ihrer Spannungen und Konflikte angleichen, miteinander überlappen und sich gegenseitig stützen. Indem wir nämlich in unseren Glaubenssystemen objektive Gewissheiten aufnehmen und zur Geltung bringen, kann auch das von ihnen *gemeinsam Geteilte* an Lebensressourcen aktiviert werden und ans Licht kommen. Wir können es gerade angesichts existenzieller Erfahrungen aufnehmen und einsetzen, aber auch vernachlässigen und liegen lassen, womit zwangsläufig Abschottung und Spaltung einhergehen.

Hiermit stellen wir allerdings auch fest, was unser menschliches Zusammenleben grundlegend ausmacht: Indem wir auf gemeinsam geteilte Lebensgüter zugreifen, stellen sich erst die Befähigungen und wirklichen Chancen für unsere Denk- und Handlungsweisen sowie die Selbstachtung als Gefühl der eigenen Würde und Wertschätzung ebenso wie das der sinnstiftenden Zugehörigkeit zu einer Gemeinschaft ein. Dies bedarf eines nach und nach eingeübten gleichwohl unsicheren Fundaments in einem Weltbild, dessen materielle, soziale und kulturelle Ressourcen wir für eine pluralistische Gestaltung unserer Lebensweise tatsächlich nutzen können. Zugleich verweisen wir damit aber auch auf eine universelle Wirklichkeit, in der wir mit anderen und der Natur zusammenleben und deren Bedrohungen und Gefahren wir nur als übereinstimmend Handelnde und füreinander Eintretende begegnen können.

7. Respekt und Anerkennung

Ich kann nicht niederknien, zu beten, weil gleichsam meine Knie steif sind. Ich fürchte mich vor der Auflösung (vor meiner Auflösung), wenn ich weich würde.

Ludwig Wittgenstein[166]

»Das Ich, das Ich ist das tief Geheimnisvolle«, schrieb Wittgenstein unter dem 5. August 1916 ins Notizbuch.[167] In den Jahren des *Tractatus* wollte er es als sinnlosen Ausdruck am liebsten aus der Sprache eliminieren, und auch in den Gesprächen mit Schlick und Waismann am Ende der Zwanzigerjahre am Rande des Wiener Kreises vertrat er diese Auffassung.[168]

Später präzisierte Wittgenstein seine Vorbehalte: Das »Ich« war für ihn kein gewöhnlicher referenzieller Ausdruck. Im Unterschied zu anderen Worten, mit denen wir uns auf Dinge in der Welt in identifizierender und beschreibender Weise beziehen, um Tatsachen zum Ausdruck zu bringen, stellen wir unsere Bezugnahme auf die eigene Person nicht auf die Probe, denn wir können mit dem Ausdruck »Ich« prinzipiell nicht fehlgehen. Ein Irrtum ist hier ausgeschlossen. Insofern stehen wir mit ihm an der Grenze der Welt. Wenn wir uns also selbst bestimmte Merkmale zuschreiben und uns damit definieren, unterziehen wir uns nicht selbst als ein wie auch immer gearteter Träger dieser Merkmale einer Überprüfung.[169] »Daß ich ein Mann und keine Frau bin«, schrieb Wittgenstein in *Über Gewißheit*, »kann verifiziert werden, aber wenn *ich sagte*, ich sei eine Frau, und den Irrtum damit erklären wollte, daß ich die Aussage nicht geprüft habe, würde man die Erklärung nicht gelten lassen.«[170]

Auf diese Weise können wir also die eigene Identität nicht überprüfen, um uns mit triftigen Gründen von einem Irrtum über unser Selbst zu überzeugen. Folglich ist die eigene Identität Teil des von uns beschriebenen Weltbildes und wir können sie vor dem Hintergrund einer gemeinsam geteilten Lebensform verankern und festmachen. Unser Weltbild kann dabei die Rolle eines aktivierenden Spiegelbildes übernehmen, in dem wir uns als menschliche Lebewesen auffassen, aber auch als moralisch handelnd begreifen, um unser Leben als menschliche Personen angesichts verfügbarer Ressourcen zu gestalten.[171] Insofern schlagen wir auch eine Brücke zwischen dem Sein und dem Sollen.

Wie vor ihm Descartes hatte Hume in der *Untersuchung über die Prinzipien der Moral* auf diese Fähigkeit unserer Natur, sich selbst zu aktivieren, aber auch unter einer normativen Selbstkontrolle zu halten, aufmerksam gemacht,[172] und beide haben darauf verwiesen, dass wir auf einer emotionalen Grundlage unser Selbstwertgefühl zugleich mit der Achtung vor anderen erlangen. Descartes hatte in den *Passionen der Seele* die Großzügigkeit (»Générosité«) als Grundform der Selbstachtung herausgestellt,[173] und bei Hume heißt es: »Diese ständige Gewohnheit, uns selbst gleichsam im Spiegel zu mustern, hält alle Gefühle für Recht und Unrecht lebendig und erzeugt in edlen Charakteren eine gewisse Achtung vor sich selbst wie auch vor anderen, was der sicherste Wächter jeder Tugend ist.«[174] In diesem Sinne stützen wir also im Anschluss an Descartes und Hume unsere Selbstachtung als Gefühl der eigenen Würde auf den Respekt vor anderen, wobei es natürlich immer unsicher bleibt, mit wem wir es tatsächlich zu tun haben. Darüber hinaus fordern wir allerdings auch die Gunst und die Anerkennung durch andere ein, insofern wir erst mit ihrer Zustimmung und Billigung eine praktisch moralische Gewissheit im Urteilen und Handeln erlangen. Der gesellige und mit allen Wassern gewaschene Hume sprach hier von einem »ungeduldigen Verlagen nach Anerkennung«,[175] während der introvertierte Descartes in den für uns günstigen Taten anderer die Ursache für unsere Anerkennung ausmachte.[176]

Halten wir also fest, dass wir uns auf Anerkennung und Respekt stützen müssen, um das gemeinsame Zusammenleben mit anderen zu befördern und produktiv zu gestalten. Um dabei auch unsere eigene Identität im Fluss des Lebens herauszubilden und zur Geltung zu bringen, bedarf es gleichermaßen der zwischenmenschlichen Wertschätzung und des wechselseitigen Respekts. So gründen wir unsere Identität schließlich auf das überkommene Substrat eingeübter Praktiken, indem wir ganz im Sinne des späten Wittgensteins das gemeinsam Geteilte unseres Weltbildes im Vertrauen aufnehmen und aktivieren.

Vor diesem Hintergrund wird allerdings auch klar, dass wir dabei auf eine Vielfalt von materiellen, sozialen und kulturellen Ressourcen angewiesen sind, die prinzipiell allen zur Verfügung stehen und damit gerecht verteilt werden sollten, um unser Leben zu gestalten. Bei einem Mangel an diesen Gütern, die Ursachen dafür können vielschichtig sein, verkümmern unsere Fähigkeiten und wirklichen Chancen für eine menschliche Lebensführung. Außerdem können wir die Ressourcen, selbst wenn sie uns zur Verfügung stehen, vernachlässigen und liegen lassen. Doch auch die Anerkennung kann ausbleiben, indem wir existenzielle Erfahrungen der Ausgrenzung, Missachtung, Diskriminierung, Herabsetzung und Entwertung machen, die, wenn sie mit anderen geteilt werden, zu Kämpfen um die Anerkennung und damit ein wesentlicher Teil von Identitätspolitik werden können.[177] Während diese Politisierung der Identität jedoch vielfach zu Abschottung und Spaltung führt, lokale Unterschiede und flüchtige Differenzen als Wesentlich herausgestellt werden, bleibt das Universelle einer gemeinsam geteilten Lebensform als fester Hintergrund unserer Identitätsbildung auf der Strecke. Doch gerade angesichts existenzieller Erfahrungen im globalen Maßstab und einer Menschheit, die sich aufmacht, eine einzige Zivilisation zu werden, sollten wir uns nicht auf unsere Unterschiede und Differenzen zurückziehen und uns durch Grenzziehungen und tief in der Vergangenheit wurzelnde Traditionen voneinander isolieren, sondern stattdessen das gemeinsam Geteilte *offen halten*.[178] Somit sind Anerkennung und Respekt der Ausdruck eines bestimmten Gebrauchs unserer Unterschiede und Differenzen: Denn diese selbst erklären nichts, sondern erst ihr Gebrauch führt uns einerseits dazu, andere auszuschließen, andererseits aber auch zur Zusammenarbeit und einem Füreinander über vermeintliche Grenzen, differierende Weltbilder und Traditionen hinweg.[179]

Hatte der frühe Wittgenstein das Ich an die Grenze der Welt gestellt, so bedeutete es für ihn später eine objektive Gewissheit, eine vielschichtige Ressource für den Aufbau der eigenen Subjektivität, die wir wie selbstverständlich vor dem Hintergrund einer gemeinsam mit anderen geteilten Lebensform verwirklichen, wobei wir angesichts existenzieller Erfahrungen, auch wenn wir uns davor manchmal ängstigen und fürchten, nicht wie angewurzelt stehen bleiben sollten.[180] Vielmehr sollten wir im frei strömenden Fluss des Lebens unsere Identität immer wieder aufs Neue und unter Berücksichtigung aller zur Verfügung stehenden materiellen, sozialen und kulturellen Ressourcen erschließen. Dass auch die eigene Identität dabei unsicher bleibt, ist letztlich kein Makel, den es durch einen substanziellen Träger zu beheben gilt, wie noch Descartes meinte, sondern wir sollten mit Hume auf Respekt und Anerkennung aus sein, um das gemeinsam Geteilte in unserer Lebensform gegen die aufkommenden Bedrohungen und Gefahren zur Wirkung kommen zu lassen.

Anmerkungen

1 Ludwig Wittgenstein, *Tractatus logico-philosophicus*, in: Ders., *Werkausgabe*, Bd. 1, Frankfurt/M. 1984, 6.4311.

2 David Hume, »Über den Freitod« und »Über die Unsterblichkeit der Seele«. Zwei Essays, Stuttgart 2018, S. 22.

3 Zitiert nach: Ray Monk, *Wittgenstein. Das Handwerk des Genies*, Stuttgart 1994, S. 610.

4 Ludwig Wittgenstein, *Über Gewißheit*, in: Ders., *Werkausgabe*, Bd. 8, Frankfurt/M. 1984.

5 Vgl. Danièle Moyal-Sharrock (Hg.in), *The Third Wittgenstein: The Post-Investigations Works*, London/New York 2004 sowie Danièle Moyal-Sharrock u. William H. Brenner (Hg.), *Readings of Wittgenstein's On Certainty*, Hampshire/New York 2007.

6 Vgl. René Descartes, *Der Briefwechsel mit Elisabeth von der Pfalz*, Hamburg 2015.

7 David Hume, »Mein Leben«, in: Ders., *Eine Untersuchung über den menschlichen Verstand*, Hamburg 1993, S. LIII.

8 Dabei spielten die Politik und die Ökonomie neben der Philosophie und der Religion stets eine wichtige Rolle in Humes Leben, seine diesbezüglichen Essays sind also kein Ausflug in ein ansonsten von ihm gemiedenes Terrain, sondern entsprechen vielmehr seinem ambitionierten Interesse, ein gebildeter und weithin angesehener

Literat in der europäischen Gelehrtenwelt zu sein. Siehe dazu James A. Harris, »Hume's Life and Works«, in: Paul Russell (Hg.), *The Oxford Handbook of Hume*, Oxford 2020, S. 1–18.

9 David Hume, *Eine Untersuchung über den menschlichen Verstand*, Hamburg 2015, S. 3.

10 Ludwig Wittgenstein, »Ursache und Wirkung. Intuitives Erfassen«, in: Ders., *Vortrag über Ethik und andere kleine Schriften*, Frankfurt/M. 1989, S. 115.

11 Zitiert nach: Ray Monk, *Wittgenstein. Das Handwerk des Genies*, a. a. O., S. 612.

12 Ludwig Wittgenstein, *Tractatus logico-philosophicus*, a. a. O., 5.641.

13 Ebd., S. 10.

14 Ludwig Wittgenstein, *Briefwechsel mit B. Russell, G. E. Moore, J. M. Keynes, F. P. Ramsey, W. Eccles, P. Engelmann und L. von Ficker*, Frankfurt/M. 1980, S. 85.

15 Ludwig Wittgenstein, *Tractatus logico-philosophicus*, a. a. O., 7.

16 Ebd., 6.52.

17 Wittgenstein notierte dazu am 12. September 1916: »Jetzt wird klar, warum ich dachte, Denken und Sprechen wäre dasselbe. Das Denken nämlich ist eine Art Sprache. Denn der Gedanke ist natürlich *auch* ein logisches Bild des Satzes und somit ebenfalls eine Art Satz.« (Ludwig Wittgenstein, *Tagebücher 1914–1916*, in: Ders., *Werkausgabe*, Bd. 1, Frankfurt/M. 1984, S. 177 f.)

18 Ludwig Wittgenstein, *Briefwechsel mit B. Russell, G. E. Moore, J. M. Keynes, F. P. Ramsey, W. Eccles, P. Engelmann und L. von Ficker*, a. a. O., S. 88.

19 Vgl. Ludwig Wittgenstein, *Tractatus logico-philosophicus*, a. a. O., 5.6.

20 Vgl. ebd., 5.633 u. 5.6331.

21 Ebd., 5.631.

22 Ebd., 5.64.

23 Es heißt hierzu im *Tractatus*: »Das denkende, vorstellende, Subjekt gibt es nicht. Wenn ich ein Buch schriebe ›Die Welt wie ich sie vorfand‹, so wäre darin auch über meinen Leib zu berichten und zu sagen, welche Glieder meinem Willen unterstehen und welche nicht, etc., dies ist nämlich eine Methode, das Subjekt zu isolieren, oder vielmehr zu zeigen, daß es in einem wichtigen Sinne kein Subjekt gibt: Von ihm allein nämlich könnte in diesem Buche *nicht* die Rede sein.« (Ebd., 5.631) Zu den philosophiehistorischen Hintergründen dieser Stelle, insbesondere den Einflüssen Arthur Schopenhauers auf Wittgenstein siehe Ernst Michael Lange, »Wittgenstein on Solipsism«, in: Hans-Johann Glock und John Hyman (Hg.), *A Companion to Wittgenstein*, Chichester/Malden/Oxford 2017, S. 159–174 und Ernst Michael Lange, *Wittgenstein und Schopenhauer. Logisch-philosophische Abhandlung und Kritik des Solipsismus*, Cuxhaven 1989.

24 Dazu führte Wittgenstein aus: »Skeptizismus ist *nicht* unwiderleglich, sondern offenbar unsinnig, wenn er bezweifeln will, wo nicht gefragt

werden kann. Denn Zweifel kann nur bestehen, wo eine Frage besteht; eine Frage nur, wo eine Antwort besteht, und diese nur, wo etwas *gesagt* werden *kann*.« (Ludwig Wittgenstein, *Tractatus logico-philosophicus*, a. a. O., 6.51)

25 Vgl. ebd., 6.41.

26 Ludwig Wittgenstein, *Briefwechsel mit B. Russell, G. E. Moore, J. M. Keynes, F. P. Ramsey, W. Eccles, P. Engelmann und L. von Ficker*, a. a. O., S. 88.

27 Im *Tractatus* heißt es dazu: »Wenn das gute oder böse Wollen die Welt ändert, so kann es nur die Grenzen der Welt ändern, nicht die Tatsachen; nicht das, was durch die Sprache ausgedrückt werden kann. Kurz, die Welt muß dann dadurch überhaupt eine andere werden. Sie muß sozusagen als Ganzes abnehmen oder zunehmen. Die Welt des Glücklichen ist eine andere als die des Unglücklichen.« (Ludwig Wittgenstein, *Tractatus logico-philosophicus*, a. a. O., 6.43) Später hatte Wittgenstein in einem Vortrag über Ethik eigene Erlebnisse von »übernatürlichem Wert«, wie das Erstaunen über die Existenz der Welt oder das Gefühl absoluter Geborgenheit beschrieben, um andere anzuregen, sich ähnliche Erlebnisse ins Gedächtnis zu rufen, die unsere Haltung zum Leben als Ganzes verändern und uns zum Handeln aktivieren. Vgl. Ludwig Wittgenstein, »Vortrag über Ethik«, in: Ders., *Vortrag über Ethik und andere kleine Schriften*, a. a. O., S. 9–19. Und sein langjähriger Freund Ludwig Hänsel schrieb Ende März 1919 über Wittgen-

stein ins Tagebuch: »Sein Denken liegt abgeschlossen im Manuskript. Die Frage ist gelöst: Philosophie ist Schweigen, der Rest ist Handeln, heißt: ein anständiger Mensch werden.« (Ilse Somavilla (Hg.in), *Begegnungen mit Wittgenstein – Ludwig Hänsels Tagebücher 1918/1919 und 1921/1922*, Innsbruck/Wien 2012, S. 51)

28 Siehe David Hume, »Über Aberglaube und Schwärmerei«, in: Ders., *Die Naturgeschichte der Religion. Über Aberglaube und Schwärmerei. Über die Unsterblichkeit der Seele. Über Selbstmord*, Hamburg 2000, S. 73–78.

29 David Hume, *Ein Traktat über die menschliche Natur.* Buch I: *Über den Verstand*, Hamburg 2013, S. 326.

30 Ebd., S. 322.

31 Ebd., S. 323.

32 Ebd., S. 328.

33 David Hume, *An Abstract of A Treatise of Human Nature, 1740, A Pamphlet hitherto unknown by David Hume. Reprinted with an introduction by J. M. Keynes and P. Sraffa*, Cambridge 1938.

34 Unter dem Prinzip der Sympathie verstand Hume allgemein unsere natürliche Fähigkeit, sich in andere Menschen mitfühlend hineinzuversetzen, also das, was wir heute eher unter den Begriff der Empathie fassen. Für einen aktuellen Überblick der Diskussion siehe Susanne Schmetkamp, *Theorien der Empathie zur Einführung*, Hamburg 2019. Die neurophysiologische Grundlage der Empathie wird dargestellt in: Giacomo

Rizzolatti u. Corrado Sinigaglia, *Empathie und Spiegelneurone. Die biologische Basis des Mitgefühls,* Frankfurt/M. 2018. Eine Diskussion der langen Evolutionsgeschichte der menschlichen Empathie findet sich in: Frans de Waal, *Das Prinzip Empathie. Was wir von der Natur für eine bessere Gesellschaft lernen können*, München 2011.

35 Vgl. David Hume, »Über Essayschreiben«, in: Ders., *Vom schwachen Trost der Philosophie. Essays,* Göttingen 2014, S. 9–14, hier: S. 10.

36 Vgl. David Hume, »Der Skeptiker«, in: Ders., *Vom schwachen Trost der Philosophie. Essays*, a. a. O., S. 42–72.

37 David Hume, *Eine Untersuchung über den menschlichen Verstand*, a. a. O., S. 176.

38 Siehe dazu Floris Cohen, *Die zweite Erschaffung der Welt. Wie die moderne Naturwissenschaft entstand*, Frankfurt/M./New York 2010.

39 David Hume, *Eine Untersuchung über den menschlichen Verstand*, a. a. O., S. 157.

40 Ernst Ludwig Borowski, *Darstellung des Lebens und Charakters Immanuel Kants*, Königsberg 1804, S. 170.

41 So heißt es in einem Tagebucheintrag vom 2. August 1916: »Man könnte (Schopenhauerisch) sagen: Die Welt der Vorstellung ist weder gut noch böse, sondern das wollende Subjekt.« (Ludwig Wittgenstein, *Tagebücher 1914–1916*, a. a. O., S. 174) Und drei Tage später notierte Wittgenstein: »Das vorstellende Subjekt ist wohl leerer

Wahn. Das wollende Subjekt aber gibt es. Wäre der Wille nicht, so gäbe es auch nicht jenes Zentrum der Welt, das wir das Ich nennen, und das der Träger der Ethik ist. Gut und böse ist wesentlich nur das Ich, nicht die Welt. Das Ich, das Ich ist das tief Geheimnisvolle!« (Ebd., S. 175)

42 René Descartes, *Entwurf der Methode. Mit der Dioptrik, den Meteoren und der Geometrie*, Hamburg 2013, S. 30.

43 René Descartes, *Die Welt. Abhandlung über das Licht. Der Mensch*, Hamburg 2015.

44 René Descartes, *Entwurf der Methode*, a. a. O., S. 9.

45 So heißt in Galileis *Goldwäger*: »Die Philosophie steht in diesem großen Buch – dem Universum – geschrieben, das sich unserem Blick ständig offen darbietet; doch verstehen kann es nur, wer zunächst die Sprache und die Schrift lernt, in der es geschrieben ist. Geschrieben ist es in der Sprache der Mathematik, und ihre Schriftzeichen sind Dreiecke, Kreise und andere geometrische Figuren, ohne die es menschenunmöglich wäre, auch nur ein einziges Wort davon zu verstehen; ohne sie irrt man nur in einem dunklen Labyrinth umher.« (Zitiert nach: Mario Biagioli, *Galilei, Der Höfling. Entdeckungen und Etikette: Vom Aufstieg der neuen Wissenschaft*, Frankfurt/M. 1999, S. 328)

46 Vgl. Galileo Galilei, *Sidereus Nuncius. Nachricht von neuen Sternen*, Frankfurt/M. 1980.

47 René Descartes, *Entwurf der Methode*, a. a. O., S. 9.

48 Ebd.

49 Ebd., S. 9 f.

50 Ebd., S. 7.

51 Vgl. Adrien Baillet, »Olympica«, in: René Descartes, *Discours de la Méthode*, Hamburg 2011, S. 172–187.

52 Vgl. René Descartes, *Entwurf der Methode*, a. a. O., S. 17. Für einen Überblick zu den vier Regeln siehe Hans Poser, *René Descartes. Eine Einführung*, Stuttgart 2003, S. 34–52.

53 René Descartes, *Regulae ad directionem ingenii. Cogitationes privatae*, Hamburg 2011.

54 In der Regel XII gab Descartes an: »An dieser Stelle wünsche ich auseinanderzusetzen, was der Geist des Menschen ist, was der Körper, wie der Geist des Körper informiert, welches in diesem zusammengesetzten Ganzen die zur Verfügung stehenden Vermögen sind, um Dinge zu erkennen, und was die einzelnen tun.« (René Descartes, *Regulae ad directionem ingenii. Cogitationes privatae*, a. a. O., S. 91) Unter dem methodischen Grundsatz einer klaren Trennung der zu erforschenden Bereiche von Körper und Geist konnte Descartes auch die Regeln einer mathematischen Untersuchung aus dem zweiten Abschnitt des *Entwurfs der Methode* von den methodischen Reflexionen über die Erklärungen in der Physik aus dem sechsten Abschnitt unterscheiden. Siehe dazu Wolfgang Röd, »Die Methode der Cartesianischen Metaphysik«, in: Wilhelm Friedrich Niebel, Angelica Horn u.

Herbert Schnädelbach (Hg.), *Descartes im Diskurs der Neuzeit*, Frankfurt/M. 2000, S. 61–76.

55 René Descartes, *Meditationen. Mit sämtlichen Einwänden und Erwiderungen*, Hamburg 2009.

56 René Descartes, *Der Briefwechsel mit Marin Mersenne*, Hamburg 2020, S. 412.

57 René Descartes, *Regulae ad directionem ingenii. Cogitationes privatae*, a. a. O., S. 191. Auch später hat sich Descartes gewünscht, möglichst wenig Aufsehen um seine Person zu machen und lieber versteckt zu bleiben. So heißt es in einem Brief vom 15. April 1630 aus Amsterdam an Marin Mersenne: »Ich bin kein solcher Eigenbrötler, daß es mir nicht doch sehr lieb ist, wenn man eine gute Meinung über mich hat, wenn man an mich denkt. Aber es wäre mir lieber, man dächte gar nicht an mich. Ich fürchte das Ansehen mehr, als daß ich es mir wünsche, weil ich schätze, daß es immer in irgendeiner Weise die Freiheit und die Muße derjenigen verringert, die es erwerben, welche beiden Dinge ich so vollkommen besitze und so sehr schätze, daß es auf der ganzen Welt keinen Monarchen gibt, der reich genug wäre, um sie mir abzukaufen.« (René Descartes, *Der Briefwechsel mit Marin Mersenne*, a. a. O., S. 55)

58 Vgl. René Descartes, *Die Welt. Abhandlung über das Licht. Der Mensch*, a. a. O., Kap. 6 u. 7, hier: S. 69 sowie Ders., *Die Prinzipien der Philosophie*, Hamburg 2005, §§ 43–47. Siehe auch Durs Grünbein, *Der cartesische Taucher. Drei Meditationen*, Frankfurt/M. 2008.

59 René Descartes, *Die Welt. Abhandlung über das Licht. Der Mensch*, a. a. O., S. 151.

60 So heißt es: »Falls es schließlich immer noch Menschen gibt, die durch die Gründe, die ich angeführt habe, von der Existenz Gottes und ihrer Seele nicht hinreichend überzeugt sind, will ich sie gern wissen lassen, daß alle anderen Dinge, von denen sie vielleicht denken ihrer sicherer zu sein – wie daß sie einen Körper haben, daß es Gestirne und eine Erde gibt und ähnliche Dinge –, weniger gewiß sind. Denn obwohl man von diesen Dingen eine moralische Sicherheit hat, die man zumindest nicht bezweifeln kann, wenn man nicht den Anschein erwecken will, verrückt zu sein, kann man doch wohl, wenn sich die Frage auf eine metaphysische Gewißheit richtet, ohne unvernünftig zu sein genausowenig leugnen, daß diese moralische Sicherheit kein hinreichender Anlaß ist, vollkommen sicher zu sein, nämlich dann nicht, wenn aufgefallen ist, daß man sich, wenn man eingeschlafen ist, in derselben Weise vorstellen kann, man habe einen anderen Körper und sehe andere Gestirne und eine andere Erde, ohne daß es irgendetwas davon gäbe.« (René Descartes, *Entwurf der Methode*, a. a. O., S. 34)

61 Vgl. René Descartes, *Der Briefwechsel mit Marin Mersenne*, a. a. O., S. 104.

62 Über Galileis Werk hatte Descartes später in einem Brief an Mersenne vom 11. Oktober 1638 in diesem Sinne geurteilt: »Aber mir scheint, daß er darin einen großen Fehler begeht, indem

er unablässig Abschweifungen macht und sich überhaupt nicht damit aufhält, einen Stoff ganz und gar zu erklären. Dies zeigt, daß er sie nicht der Reihe nach geprüft, sondern nur die Gründe einiger besonderer Wirkungen gesucht hat, ohne die ersten Ursachen der Natur betrachtet zu haben, so daß er ohne Fundament gebaut hat.« (Ebd., S. 237)

63 René Descartes, *Der Briefwechsel mit Marin Mersenne*, a. a. O., S. 60 f.

64 René Descartes, *Entwurf der Methode*, a. a. O., S. 3.

65 Ludwig Wittgenstein, *Tractatus logico-philosophicus*, a. a. O., S. 9.

66 Wittgenstein machte den Perspektivenwechsel zu einem wichtigen Merkmal seiner Philosophie. Durch Passagen wie »Denke an [...]«, »Denken wir uns [...]« zeigte er in seinen Texten häufig einen Perspektivenwechsel an, aber auch das Wörtchen »nun« und das Zeichen »–« leiten bei ihm oft eine neue Betrachtungsweise ein.

67 Ludwig Wittgenstein, *Philosophische Untersuchungen*, in: Ders., *Werkausgabe*, Bd. 1, Frankfurt/M. 1984, §§ 654 u. 656.

68 Siehe dazu Eike von Savigny u. Oliver R. Scholz (Hg.), *Wittgenstein über die Seele*, Frankfurt/M. 2016.

69 Der gemeinsame Bezugspunkt ihrer Gespräche war George E. Moores antiskeptische Verteidigung des Common Sense, nämlich seine Behauptungen, dass wir eine ganze Reihe von

alltäglichen Erfahrungssätzen wie »Ich *weiß*, dass dies eine Hand ist«, »Ich habe mich niemals weit von der Erdoberfläche entfernt« etc. mit absoluter Sicherheit wissen und mit ihrer bloßen Äußerung ein Beweis für die Existenz der Außenwelt erbracht sei. Insbesondere zwei Aufsätze Moores sind hier von Relevanz: »Eine Verteidigung des Common Sense« (1925) und »Beweis einer Außenwelt« (1939), beide sind abgedruckt in: George E. Moore, *Eine Verteidigung des Common Sense. Fünf Aufsätze aus den Jahren 1903–1941*, Frankfurt/M. 1969. Vgl. dazu Norman Malcolm, *Erinnerungen an Wittgenstein. Mit einer biographischen Skizze von Georg Henrik von Wright und Wittgensteins Briefen an Norman Malcolm*, Frankfurt/M. 1987, S. 115–123 und Thomas Baldwin, »Wittgenstein and Moore«, in: Oskari Kuusela u. Marie McGinn (Hg.), *The Oxford Handbook of Wittgenstein*, Oxford 2014, S. 550–569.

70 Vgl. Danièle Moyal-Sharrock, »Introduction: The idea of a *third* Wittgenstein«, in: Dies. (Hg.in), *The Third Wittgenstein: The Post-Investigations Works*, a. a. O., S. 1–11.

71 Ludwig Wittgenstein, *Über Gewißheit*, a. a. O., § 205.

72 In den *Philosophischen Untersuchungen* kamen Begründungen und Erklärungen in einem Sprachspiel prinzipiell an ihr Ende. Wittgenstein erläuterte darüber hinaus aber nicht, *worauf* wir dabei in Sprachspielen stoßen: »Habe

ich die Begründungen erschöpft, so bin ich nun auf dem harten Felsen angelangt, und mein Spaten biegt sich zurück. Ich bin dann geneigt zu sagen: ›So handle ich eben.‹« (Ludwig Wittgenstein, *Philosophische Untersuchungen*, a. a. O., § 217) Siehe dazu auch ebd., §§ 240 u. 241.

73 Dazu heißt es: »Ich bin auf dem Boden meiner Überzeugungen angelangt. Und von dieser Grundmauer könnte man beinahe sagen, sie werde vom ganzen Haus getragen.« (Ludwig Wittgenstein, *Über Gewißheit*, a. a. O., § 248)

74 Es heißt dazu: »Dies System ist etwas, was der Mensch durch Beobachtung und Unterricht aufnimmt. Ich sage absichtlich nicht ›lernt‹.« (Ebd., § 279)

75 Dazu heißt es: »Was in Lehrbüchern, der Geographie z. B., steht, halte ich im allgemeinen für wahr. Warum? Ich sage: Alle diese Fakten sind hundertmal bestätigt worden. Aber wie weiß ich das? Was ist meine Evidenz dafür? Ich habe ein Weltbild. Ist es wahr oder falsch? Es ist vor allem das Substrat alles meines Forschens und Behauptens. Die Sätze, die es beschreiben, unterliegen nicht alle gleichermaßen der Prüfung.« (Ebd., § 162) Vgl. dazu auch Joachim Schulte, »Die Hinnahme von Sprachspielen und Lebensformen«, in: Wilhelm Lütterfelds u. Andreas Roser (Hg.), *Der Konflikt der Lebensformen in Wittgensteins Philosophie der Sprache*, Frankfurt/M. 1999, S. 156–170.

76 Ludwig Wittgenstein, *Über Gewißheit*, a. a. O., § 94.

77 Ebd., § 414.

78 Siehe dazu Norman Malcolm, »Certainty«, in: Ders., *Nothing is Hidden*, Oxford 1986, S. 201–235; Avrum Stroll, »Why *On Certainty* Matters«, in: Danièle Moyal-Sharrock u. William H. Brenner (Hg.), *Readings of Wittgenstein's on Certainty*, a. a. O., S. 33–46; Danièle Moyal-Sharrock, »Wittgenstein on Knowledge and Certainty«, in: Hans-Johann Glock u. John Hyman (Hg.), *A Companion to Wittgenstein*, a. a. O., S. 547–562 sowie Joachim Schulte, *Wittgenstein. Eine Einführung*, Stuttgart 2016, S. 211–221.

79 Ludwig Wittgenstein, *Über Gewißheit*, a. a. O., § 243.

80 Ebd., § 111.

81 »Wenn du weißt, daß hier eine Hand ist, so geben wir dir alles übrige zu«, heißt es in der ersten Bemerkung in *Über Gewißheit* und offenbar bedarf diese Äußerung keiner weiteren Begründung. Und an anderer Stelle heißt es: »Die Schwierigkeit ist die Grundlosigkeit unseres Glaubens einzusehen.« (Ebd., § 166)

82 Ebd., § 225. In diesem Zusammenhang heißt es: »Und das alles weiß ich? Ich glaube es. Dieser Wissenskörper wurde mir überliefert, und ich haben keinen Grund, an ihm zu zweifeln, sondern vielerlei Bestätigungen.« (Ebd., § 288)

83 Dazu heißt es: »Das Wissen gründet sich am Schluß auf der Anerkennung.« (Ebd., § 378)

84 Siehe dazu Danièle Moyal-Sharrock, »Unravelling Certainty«, in: Danièle Moyal-Sharrock u.

William H. Brenner (Hg.), *Readings of Wittgenstein's on Certainty*, a. a. O., S. 76–99, hier: S. 78–83.

85 Er heißt dazu: »Mit dem Wort ›gewiß‹ drücken wir die völlige Überzeugung, die Abwesenheit jedes Zweifels aus, und wir suchen damit den Andern zu überzeugen. Das ist *subjektive* Gewißheit. Wann aber ist etwas objektiv gewiß? – Wenn ein Irrtum nicht möglich ist. Aber was für eine Möglichkeit ist das? Muß der Irrtum nicht *logisch* ausgeschlossen sein?« (Ludwig Wittgenstein, *Über Gewißheit*, a. a. O., § 194) Zur Abgrenzung objektiver von subjektiver Gewissheit siehe auch ebd., § 245.

86 Der erste Teil von *Über Gewißheit* (§§ 1–65), den Wittgenstein nach seiner Rückkehr aus den USA in Wien von Herbst 1949 bis März 1950 verfasste, ist an vielen Stellen eine Auseinandersetzung mit Moore, aber auch spätere Bemerkungen beziehen sich auf dessen Verteidigung des gesunden Menschenverstandes.

87 George E. Moore, »Eine Verteidigung des Common Sense«, in: Ders., *Eine Verteidigung des Common Sense. Fünf Aufsätze*, a. a. O., S. 114–116.

88 Ludwig Wittgenstein, *Über Gewißheit*, a. a. O., §§ 11 u. 12.

89 Es heißt dazu: »›Wissen‹ und ›Sicherheit‹ gehören zu verschiedenen *Kategorien*.« (Ebd., § 308)

90 Für eine umfassende und tiefgründige Analyse der Argumente in den ersten beiden Medita-

tionen, die Zweifelsgründe und die etablierten Gewissheiten betreffend, siehe insbesondere Gregor Betz, *Descartes' »Meditationen«. Ein systematischer Kommentar*, Stuttgart 2011, S. 23–109.

91 Descartes schrieb: »Zweifelsohne bin ich selbst also, wenn er mich täuscht; und er möge mich täuschen, soviel er kann, niemals wird er bewirken, daß ich nichts bin, solange ich denken werde, daß ich etwas bin; so daß schließlich, nachdem ich es zur Genüge überlegt habe, festgestellt werden muß, daß dieser Grundsatz *Ich bin, ich existiere*, sooft er von mir ausgesprochen oder durch den Geist begriffen wird, notwendig wahr ist.« (René Descartes, *Meditationen. Mit sämtlichen Einwänden und Erwiderungen*, a. a. O., S. 28)

92 Ebd., S. 150.

93 Vgl. ebd., S. 403.

94 Ebd., S. 30.

95 Ebd., S. 39.

96 Ebd., S. 39 f.

97 Es heißt dazu: »Ich urteilte deshalb, ich könne es als eine allgemeine Regel nehmen, daß alle Dinge, die wir sehr klar und sehr deutlich verstehen, wahr sind; wobei nur eine gewisse Schwierigkeit darin liegt, richtig zu bemerken, welche es sind, die wir deutlich verstehen.« (René Descartes, *Entwurf der Methode*, a. a. O., S. 30)

98 Descartes führte dazu aus: »Immer wenn sich mir diese vorgefaßte Meinung über die Allmacht

Gottes darbietet, kann ich nicht umhin, einzuräumen, daß, wenn er es denn will, es ihm ein leichtes wäre zu bewirken, daß ich mich auch in dem irre, von dem ich meine, es mit den Augen des Geistes am evidentesten zu erblicken. Immer wenn ich mich jedoch den Dingen selbst zuwende, die ich äußerst klar zu erfassen meine, bin ich so sehr davon überzeugt, daß mir von selbst diese Wort entfahren: ›Täusche mich, wer immer es wolle und soviel er kann, niemals wird er bewirken, daß ich nichts bin, solange ich denken werde, ich sei irgendetwas; oder daß es zu irgendeinem Zeitpunkt wahr ist, daß ich niemals gewesen bin, wenn es doch jetzt wahr ist, daß ich bin; oder vielleicht auch, daß zwei und drei miteinander addiert mehr oder weniger als fünf ergeben, oder dergleichen‹ – denn darin erkenne ich einen offenkundigen Widerspruch.« (René Descartes, *Meditationen. Mit sämtlichen Einwänden und Erwiderungen*, a. a. O., S. 40 f.)

99 Ebd., S. 28.

100 Hierzu heißt es: »Denn so lange ich den Willen beim Fällen der Urteile so im Zaum halte, daß er sich nur auf das erstreckt, was ihm vom Verstand klar und deutlich dargestellt wird, ist es unmöglich, das ich mich irre. [...] Denn ich werde tatsächlich die Wahrheit erlangen, wenn ich nur das, was ich vollkommen einsehe, genügend berücksichtige und es von allem übrigen trenne, das ich verworrener und

dunkler auffasse. Genau um diese Sache werde ich mich künftig bemühen.« (Ebd., S. 68)

101 Ludwig Wittgenstein, *Philosophische Untersuchungen*, a. a. O., S. 572.

102 Norman Malcolm, *Erinnerungen an Wittgenstein*, a. a. O., S. 122 f.

103 Ludwig Wittgenstein, *Über Gewißheit*, a. a. O., § 401.

104 Ludwig Wittgenstein, »Bemerkungen über Frazers *Golden Bough*«, in: Ders., *Vortrag über Ethik und andere kleine Schriften*, a. a. O., S. 29–46, hier: S. 29.

105 In den *Philosophischen Untersuchungen* hatte Wittgenstein gezeigt, dass das Befolgen von Regeln nicht auf einer subjektiven Meinung basierte, sondern auf einer gemeinschaftlichen Praxis. Insofern deuten wir keine Regeln, sondern wir folgen ihnen im Handeln. So heißt es: »Darum ist ›der Regel folgen‹ eine Praxis. Und der Regel zu folgen *glauben* ist nicht: der Regel folgen. Und darum kann man nicht der Regel ›privatim‹ folgen, weil sonst der Regel zu folgen glauben dasselbe wäre, wie der Regel folgen.« (Ludwig Wittgenstein, *Philosophische Untersuchungen*, a. a. O., § 202)

106 Dazu heißt es: »Ich will den Menschen hier als Tier betrachten; als ein primitives Wesen, dem man zwar Instinkt, aber nicht Raisonnement zutraut. Als ein Wesen in einem primitiven Zustande. Denn welche Logik für ein primitives Verständigungsmittel genügt, deren brauchen

wir uns auch nicht zu schämen. Die Sprache ist nicht aus einem Raisonnement hervorgegangen.« (Ludwig Wittgenstein, *Über Gewißheit*, a. a. O., § 475)

107 So heißt es: »Ich will sagen: Es ist nicht so, daß der Mensch in gewissen Punkten mit vollkommener Sicherheit die Wahrheit weiß. Sondern die vollkommene Sicherheit bezieht sich nur auf seine Einstellung.« (Ebd., § 404) Siehe dazu auch Ludwig Wittgenstein, »Ursache und Wirkung. Intuitives Erfassen«, a. a. O., S. 115.

108 Ludwig Wittgenstein, *Über Gewißheit*, a. a. O., § 103.

109 Dazu heißt es: »Ich will eigentlich sagen, daß ein Sprachspiel nur möglich ist, wenn man sich auf etwas verläßt. (Ich habe nicht gesagt ›auf etwas verlassen kann‹.)« (Ebd., § 509)

110 Vgl. ebd., §§ 278 u. 357–359.

111 So heißt es: »Es ist jedoch vorderhand zu beachten, daß ich in keiner Weise die Verfehlung oder den Irrtum thematisiere, der in der Verfolgung des Guten und Schlechten begangen wird, sondern lediglich den Irrtum, der in der Abgrenzung des Wahren und Falschen passiert. Auch habe ich nicht das betrachtet, was sich auf den Glauben oder die Lebensführung bezieht, sondern nur die spekulativen und allein mit Hilfe des Natürlichen Lichts erkannten Wahrheiten.« (René Descartes, *Meditationen. Mit sämtlichen Einwänden und Erwiderungen*, a. a. O., S. 15 f.)

112 Siehe dazu Theodor Ebert, *Der rätselhafte Tod des René Descartes*, Aschaffenburg 2009.

113 René Descartes, *Der Briefwechsel mit Elisabeth von der Pfalz*, a. a. O., S. 5.

114 Vgl. ebd., S. 7–13 u. 20–29.

115 Vgl. René Descartes, *Meditationen. Mit sämtlichen Einwänden und Erwiderungen*, a. a. O., S. 87 f. Das Bild vom Gespenst in der Maschine stammt aus: Gilbert Ryle, *Der Begriff des Geistes*, Stuttgart 2015, S. 7–25.

116 Siehe dazu Eva-Maria Engelen, *Descartes*, Leipzig 2005, S. 69–84; Deborah J. Brown, *Descartes and the Passionate Mind*, Cambridge 2006 und Dominik Perler, *Transformationen der Gefühle. Philosophische Emotionstheorien 1270–1670*, Frankfurt/M. 2011, S. 278–354. Für einen Überblick über die Natur, Ursachen und Folgen von Emotionen aus philosophischer und psychologischer Sicht siehe Aaron Ben-Ze'ev, *Die Logik der Gefühle. Kritik der emotionalen Intelligenz*, Frankfurt/M. 2018.

117 Descartes unterschied sechs Hauptpassionen: die Verwunderung als die fundamentalste, die Liebe und den Hass, das Verlangen, die Freude und die Traurigkeit.

118 So heißt im Artikel 27, in dem Descartes die Passionen definiert: »Nachdem betrachtet wurde, worin sich die Passionen der Seele von allen anderen Gedanken unterscheiden, scheint mir, daß man sie allgemein definieren kann als Wahrnehmungen oder Empfindungen oder

Regungen der Seele, die man insbesondere auf sie bezieht, und durch irgendeine Bewegung der Spiritus [gemeint sind hiermit die feinsten körperlichen Bestandteile des Bluts, auch Lebensgeister genannt] verursacht, aufrechterhalten und verstärkt werden.« (René Descartes, *Die Passionen der Seele*, Hamburg 2014, S. 19)

119 Vgl. ebd., §§ 50 u. 212.

120 Auf die dabei zugrundeliegende Unterscheidung der drei wesentlichen Begriffe: des Geistes, des Körpers und der Körper-Geist-Einheit, die auf eine Analyse der beiden ersteren in der Metaphysik abstellt, das Verständnis des dritten jedoch im Kontext des Lebens sucht, verwies Descartes in einem Brief an Elisabeth vom 28. Juni 1643: »Die metaphysischen Gedanken aber, welche den reinen Verstand schulen, dienen dazu, uns mit dem Begriff der Seele vertraut zu machen; und das Studium der Mathematik, das hauptsächlich die Einbildungskraft durch die Betrachtung der Gestalten und der Bewegungen schult, gewöhnt uns daran, recht deutliche Begriffe des Körpers zu bilden; und schließlich lernt man die Vereinigung der Seele mit dem Körper zu begreifen nur durch das Leben und alltägliche Gespräche sowie durch den Verzicht auf die Meditation und auf das Studium jener Sachen, welche die Einbildungskraft schulen.« (René Descartes, *Der Briefwechsel mit Elisabeth von der Pfalz*, a. a. O., S. 23)

121 In der den *Prinzipien der Philosophie* voran-

gestellten Widmung für Elisabeth schrieb Descartes dazu: »Jeder nämlich, der den festen und nachdrücklichen Willen besitzt, soweit er es vermag, seine Vernunft immer richtig zu gebrauchen, und alles das, was er als das beste erkennt, auszuführen, ist tatsächlich, soweit er es aufgrund seiner Natur sein kann, weise.« (René Descartes, *Die Prinzipien der Philosophie*, a. a. O., S. 5)

122 Descartes schrieb dazu in einem Brief vom 18. Mai 1645: »Obwohl ich derart zurückgezogen lebe, daß ich überhaupt nichts von den Ereignissen der Welt erfahre, so stimmt es dennoch, daß mein Diensteifer für Ihre Hoheit es mir nicht gestattet hätte, so lange ohne Kenntnis über Ihren Gesundheitszustand zu sein.« (René Descartes, *Der Briefwechsel mit Elisabeth von der Pfalz*, a. a. O., S. 67)

123 Vgl. ebd., S. 121.

124 Descartes formulierte vier Grundsätze. Der erste verpflichtet uns dazu, aus den Sitten und Gewohnheiten der eigenen Gesellschaft, also aus dem Gut, das man kennt, die maßvollste Praxis zu wählen; der zweite den einmal eingeschlagenen Weg auch unter unsicheren Bedingungen nicht grundlos aufzugeben; der dritte sich selbst zu verändern, da nur dies in der eigenen Macht stünde; und schließlich der eigenen Vernunft zu folgen und nach der Wahrheit zu streben. (Vgl. René Descartes, *Entwurf der Methode*, a. a. O., S. 21–25)

125 Dazu heißt es: »Damit daraus gleichwohl an dieser Stelle nicht die Vortäuschung von Wahrheit entstehe, muß beachtet werden, daß es mancherlei gibt, was für moralisch gewiß gehalten wird, will sagen: insoweit es für die Anwendung im wirklichen Leben ausreicht, obwohl es, wenn es auf die absolute Macht Gottes bezogen wird, ungewiß ist.« (René Descartes, *Die Prinzipien der Philosophie*, a. a. O., S. 631)

126 David Hume, *Eine Untersuchung über den menschlichen Verstand*, Hamburg 2015, S. 174.

127 Bei Descartes heißt es dazu: »Wenn ich aufmerksamer daran denke, sehe ich so unverhohlen, daß der Wachzustand niemals aufgrund sicherer Anzeichen vom Traum unterschieden werden kann, daß ich erstaune; und dieses Erstaunen bestärkt mich fast sogar noch in meiner Meinung, zu träumen.« (René Descartes, *Meditationen. Mit sämtlichen Einwänden und Erwiderungen*, a. a. O., S. 21) Die Entwicklung dieses skeptischen Szenarios findet sich bereits bei den antiken Tragikern, später auch in Platons Dialog *Theaitetos*. Siehe dazu Markus Gabriel, *Antike und moderne Skepsis zur Einführung*, Hamburg 2015 und Thomas Grundmann u. Karsten Stüber (Hg.), *Philosophie der Skepsis*, Paderborn/München/Wien/Zürich 1996.

128 Die Schlagkraft des Traumarguments setzt voraus, dass unser Wissen notwendigerweise auf einer Rechtfertigung basiert. Sowohl Descartes

als auch Wittgenstein verwenden in diesem Sinne den auf Platon zurückgehenden Begriff des Wissens als wahren, gerechtfertigten Glauben.

129 Ludwig Wittgenstein, *Über Gewißheit*, a. a. O., §§ 675 u. 676.

130 Gegenüber Moritz Schlick u. Friedrich Waismann führte Wittgenstein aus: »Was den philosophischen Betrachter an unserer Sprache am meisten befremdet, ist der Unterschied zwischen *Sein und Schein*.« (Ludwig Wittgenstein, *Wittgenstein und der Wiener Kreis*, in: Ders., *Werkausgabe*, Bd. 3, Frankfurt/M. 1984, S. 48)

131 Ludwig Wittgenstein, *Über Gewißheit*, a. a. O., § 10.

132 Wittgenstein gab dafür im *Tractatus* zwei Gründe an: einen *phänomenologischen*, insofern das Subjekt in seinen unmittelbaren Erfahrungen selbst nicht hervortritt und einen *transzendentalen*, da jede gegenwärtige Erfahrung meine Erfahrung ist und es folglich darüber a priori keine falsche Zuschreibung geben kann, womit schließlich die Grenze *meiner* Welt auch die Grenze *der* Welt bedeutete. Die Perspektiven von Solipsismus und Realismus fielen damit zusammen und ihr Streit blieb letztlich unentschieden. Die Vertreter des sogenannte Neuen Realismus schlagen vor, diesen unfruchtbaren Streit zwischen dem Realismus auf der einen und dem Solipsismus (oder Konstruktivismus) auf der anderen Seite dadurch

zu überwinden, dass sie beide Perspektiven miteinander verbinden und damit die jeweils »unbegründete Vereinfachung der Wirklichkeit entweder einseitig als die Welt ohne Zuschauer oder ebenso einseitig als die Welt der Zuschauer« umgehen. Vgl. dazu Markus Gabriel, *Warum es die Welt nicht gibt*, Berlin 2016, hier: S. 14–16.

133 Vgl. Ludwig Wittgenstein, *Philosophische Untersuchungen*, a. a. O., §§ 143–242.

134 Siehe ebd., §§ 243–315.

135 Hier kann von einer therapeutischen Strategie Wittgensteins mit Blick auf die Philosophie gesprochen werden, die jedoch insgesamt zu kurz greift, da fraglich bleibt, ob die Therapie anschlägt und zum Erfolg führt.

136 So heißt es bei Hume: »Die Philosophie würde uns zu radikalen Skeptikern machen, wäre nicht unsere Natur, die uns Realisten sein läßt.« (David Hume, *Abriß eines neuen Buches, betitelt: Ein Traktat über die menschliche Natur, etc. / Brief eines Edelmanns an seinen Freund in Edinburgh*, Hamburg 1980, S. 44)

137 Hume schrieb: »Fröhne deiner Liebe zur Wissenschaft, […] aber deine Wissenschaft sei menschlich und lasse sich in unmittelbare Beziehung zum tätigen und geselligen Leben setzen. […] Sei ein Philosoph; aber inmitten all deiner Philosophie bleibe Mensch!« (David Hume, *Eine Untersuchung über den menschlichen Verstand*, a. a. O., S. 9)

138 Es heißt dazu: »Das Kind lernt eine Menge Dinge glauben. D. h. es lernt z. B. nach diesem Glauben handeln. Es bildet sich nach und nach ein System von Geglaubtem heraus, und darin steht manches unverrückbar fest, manches ist mehr oder weniger beweglich. Was feststeht, tut dies nicht, weil es an sich offenbar oder einleuchtend ist, sondern es wird von dem, was darum herumliegt, festgehalten.« (Ludwig Wittgenstein, *Über Gewißheit*, a. a. O., § 144)

139 Ebd., § 97.

140 Ludwig Wittgenstein, *Über Gewißheit*, a. a. O., § 279.

141 Über den plötzlichen Verlust existenzieller Sicherheit schrieb Wittgenstein unter dem 24. April 1930 ins Tagebuch: »Ich denke sehr oft […] daran wie einem alles entzogen werden kann & man gar nicht weiß was man alles *hat* & das aller Wesentlichste eben erst dann gewahr wird[,] wenn man es plötzlich verliert. Und man merkt es nicht[,] eben weil es so wesentlich, daher so gewöhnlich ist.« (Ludwig Wittgenstein, *Denkbewegungen. Tagebücher 1930–1932/1936–1937 (MS 183)*, Innsbruck 1997, S. 19)

142 Ein vermeintlicher Relativismus bei Wittgenstein wird diskutiert in: Michael Williams, *Unnatural Doubts. Epistemological Realism and the Basis of Scepticism*, Oxford 1991 und Michael Kober, *Gewißheit als Norm Wittgensteins erkenntnistheoretische Untersuchungen in »Über Gewißheit«*, Berlin/New York 1993. Beide

Positionen werden kritisiert in: Andreas Krebs, *Worauf man sich verlässt. Sprach- und Erkenntnisphilosophie in Ludwig Wittgensteins »Über Gewißheit«*, Würzburg 2007, S. 95–102.

143 Ludwig Wittgenstein, *Vermischte Bemerkungen*, in: Ders., *Werkausgabe*, Bd. 8, Frankfurt/M. 1984, S. 551.

144 Maurice O'Connor Drury, »Bemerkungen zu einigen Gesprächen mit Wittgenstein«, in: Ludwig Wittgenstein, *Porträts und Gespräche. Hermine Wittgenstein, Fania Pascal, F. R. Leavis, John King, M. O'C. Drury*, Frankfurt/M. 1992, S. 121. Siehe dazu auch Norman Malcolm, *Wittgenstein: A Religious Point of View?* Edited with a response by Peter Winch, Ithaca/New York 1995, S. 7–23 und Paul Engelmann, »Erinnerungen an Ludwig Wittgenstein«, in: Ilse Somavilla (Hg.in), *Wittgenstein – Engelmann. Briefe, Begegnungen, Erinnerungen*, Innsbruck/Wien 2006, S. 83–133, hier: S. 92–99.

145 Siehe William James, *Die Vielfalt religiöser Erfahrung. Eine Studie über die menschliche Natur*, Berlin 2014. Wittgenstein schrieb in diesem Zusammenhang an Russell am 22. Juni 1912: »Dieses Buch tut mir *sehr* gut, womit ich nicht sagen will, daß ich bald ein Heiliger sein werde, doch ich bin mir einigermaßen sicher, daß es mich ein wenig weiterbringt auf einem Weg der Besserung […]. Es hilft mir nämlich, glaube ich, mich von der *Sorge* freizumachen (Sorge in dem Sinne, in dem Goethe das Wort im 2ten Teil des

Faust verwendet).« (Ludwig Wittgenstein, *Briefwechsel mit B. Russell, G. E. Moore, J. M. Keynes, F. P. Ramsey, W. Eccles, P. Engelmann und L. von Ficker*, a. a. O., S. 18)

146 In den Bekenntnissen Tolstois geht es nicht um den Zustand der Welt, sondern darum die Veränderungen und den Wandel der eigenen Haltung gegenüber der Welt zu beschreiben. Vgl. William James, *Die Vielfalt religiöser Erfahrung. Eine Studie über die menschliche Natur*, a. a. O., S. 172–180 und dazu Michael Kober, »Wittgenstein and Religion«, in: *Grazer Philosophische Studien* 71 (2006), S. 87–116, hier: S. 96.

147 Vgl. ebd., S. 99. Kurz nach Beginn des Ersten Weltkriegs hatte Wittgenstein Tolstois Buch über die Evangelien erworben. Er begann darin am 1. September 1914 zu lesen und trug es fortan stets bei sich. Siehe Lew Tolstoi, *Kurze Darlegung des Evangelium*, Leipzig 1892 und dazu Brian McGuinness, *Wittgensteins frühe Jahre*, Frankfurt/M. 1992, S. 344–346.

148 Siehe William James, *Die Vielfalt religiöser Erfahrung. Eine Studie über* die *menschliche Natur*, a. a. O., S. 473.

149 Ludwig Wittgenstein, *Tractatus logico-philosophicus*, a. a. O., 6.41.

150 Siehe Norman Malcolm, *Wittgenstein: A Religious Point of View?*, a. a. O., S. 12 und Fania Pascal, »Meine Erinnerungen an Wittgenstein«, in: Ludwig Wittgenstein, *Porträts und Gespräche. Hermine Wittgenstein, Fania Pascal,*

F. R. Leavis, John King, M. O'C. Drury, a. a. O., S. 64–70.

151 Vgl. Ludwig Wittgenstein, »Vorlesungen über den religiösen Glauben«, in: Ders., *Vorlesungen und Gespräche über Ästhetik, Psychoanalyse und religiösen Glauben*, Frankfurt/M. 2005, S. 75–98, hier: S. 76 und Michael Kober, »›In the Beginning was the Deed‹: Wittgenstein on Knowledge and Religion«, in: Danièle Moyal-Sharrock u. William H. Brenner (Hg.), *Readings of Wittgenstein's On Certainty*, a. a. O., S. 225–250, hier: S. 247.

152 Vgl. Ludwig Wittgenstein, *Vermischte Bemerkungen*, a. a. O., S. 490 f.

153 Siehe Tim Crane, *Die Bedeutung des Glaubens. Religion aus der Sicht eines Atheisten*, Frankfurt/M. 2019.

154 Ludwig Wittgenstein, »Bemerkungen über Frazers *Golden Bough*«, in: Ders., *Vortrag über Ethik und andere kleine Schriften*, a. a. O., S. 29–46, hier: S. 29.

155 Kurz nach der Veröffentlichung seiner *Untersuchung über den menschlichen Verstand* begann Hume ab 1749, zunächst noch auf dem Gut der Familie in Ninewells, mit der Niederschrift einer ersten religionskritischen Studie, die 1757 als *Die Naturgeschichte der Religion* erschien. Hume erklärte darin angesichts eines ungewissen Laufes der Dinge aus den Affekten der Furcht und Hoffnung die Entstehung der polytheistischen Ursprungsformen der Religion, aus

denen sich mit zunehmendem Wissen die erhabene Vorstellung des einen vollkommenen und allmächtigen Gottes entwickeln konnte, die aber angesichts der Schwäche der Vernunft – in seiner zweiten religionskritischen Schrift *Dialoge über natürliche Religion* argumentierte Hume, dass ein philosophischer Theismus auf Grundlage der Vernunft nicht stichhaltig begründet werden kann –, bei den meisten Menschen keinen bleibenden Eindruck hinterlässt, sondern im Malstrom von Aberglauben und Schwärmerei und diesen begleitende Affekte schnell wieder zerfließt.

156 Vgl. Ludwig Wittgenstein, *Whewell's Court Lectures. Cambridge, 1938–1941. Form the Notes by Yorick Smythies*, Malden/Oxford/Chichester 2017, S. 203–250 und dazu Lucia Morra, »Sraffa, Hume, and Wittgenstein's Lectures On Belief«, in: *Nordic Wittgenstein Review* 8 (1–2) 2019, S. 151–174.

157 Ludwig Wittgenstein, *Vermischte Bemerkungen*, a. a. O., S. 525.

158 Ebd., S. 572.

159 Ebd., S. 540 f.

160 Ludwig Wittgenstein, »Vorlesungen über den religiösen Glauben«, a. a. O., S. 79. An anderer Stelle heißt es: »Die Religion lehrt, die Seele könne bestehen, wenn der Leib zerfallen ist. Verstehe ich denn, was sie lehrt? – Freilich verstehe ich's – ich kann mir dabei manches vorstellen. Man hat ja auch Bilder von diesen

Dingen gemalt. Und warum sollte so ein Bild nur die unvollkommene Wiedergabe des ausgesprochenen Gedankens sein? Warum soll es nicht den *gleichen* Dienst tun wie die gesprochene Lehre? Und auf den Dienst kommt es an.« (Ludwig Wittgenstein, *Philosophische Untersuchungen*, a. a. O., S. 495)

161 Ludwig Wittgenstein, *Vermischte Bemerkungen*, a. a. O., S. 488.

162 Paul Boghossian, *Angst vor der Wahrheit. Ein Plädoyer gegen Relativismus und Konstruktivismus*, Frankfurt/M. 2019, S. 104.

163 Entgegen relativistischer Tendenzen können wir jedoch die in unserem Glaubenssystem gerechtfertigten Tatsachen ohne weiteres aufrechterhalten, solange sie auf einem eingeübten Fundament basieren, das selbst nicht in legitime Zweifel gezogen wird. Lässt sich also kein triftiger Grund ausmachen, der uns an der Rechtfertigung von Tatsachen zweifeln lässt, so dürfen wir uns, vorausgesetzt unser Glaubenssystem erweist sich als kohärent und ist eine ernst zu nehmende Alternative zur Konkurrenz, auf diese verlassen und an den Tatsachen festhalten. Bei Wittgenstein heißt es: »Wenn etwas geschähe (wenn z. B. jemand mir etwas sagte), was dazu angetan wäre, mir Zweifel daran zu erwecken, so gäbe es gewiß auch etwas, was die Gründe solcher Zweifel selbst zweifelhaft erscheinen ließe, und ich könnte mich also dafür entscheiden, meinen alten Glauben

beizubehalten.« (Ludwig Wittgenstein, *Über Gewißheit*, a. a. O., § 516) Siehe dazu auch Paul Boghossian, *Angst vor der Wahrheit. Ein Plädoyer gegen Relativismus und Konstruktivismus*, a. a. O., S. 104–106.

164 Vgl. Ludwig Wittgenstein, *Philosophische Untersuchungen*, a. a. O., § 122.

165 Vgl. Ludwig Wittgenstein, *Über Gewißheit*, a. a. O., § 141. In einem Tagebucheintrag vom 5. April 1937 führte Wittgenstein in diesem Zusammenhang an: »Möge ich doch das Leben sehen, wie es ist. D. h. es mehr als Ganzes sehen, & nicht bloß einen kleinen, winzigen, Ausschnitt, ich meine z. B.: meine Arbeit. Es ist dann als ob alles andere durch eine dunkle Blende abgeblendet wäre & nur dieses Stück sichtbar. Dadurch erscheint alles falsch. Ich sehe, fühle den Wert der Dinge falsch.« (Ludwig Wittgenstein, *Denkbewegungen. Tagebücher 1930–1932/1936–1937 (MS 183)*, a. a. O., S. 100 f.)

166 Ludwig Wittgenstein, *Vermischte Bemerkungen*, a. a. O., S. 529.

167 Ludwig Wittgenstein, *Tagebücher 1914–1916*, a. a. O., S. 175.

168 Dazu heißt es: »Das Wort ›ich‹ gehört zu denjenigen Wörtern, die man aus der Sprache eliminieren kann.« (Ludwig Wittgenstein, *Wittgenstein und der Wiener Kreis*, a. a. O., S. 49)

169 Es heißt dazu: »Was heißt es denn: wissen, *wer* Schmerzen hat? Es heißt, z. B., wissen, welcher Mensch in diesem Zimmer Schmerzen

hat: also, der dort sitzt, oder, der in dieser Ecke steht, der Lange mit den blonden Haaren dort, etc. – Worauf will ich hinaus? Darauf, daß es, sehr verschiedene Kriterien der ›*Identität*‹ der Person gibt. Nun, welches ist es, das mich bestimmt, zu sagen, ›*ich*‹ habe Schmerzen? Gar keins.« (Ludwig Wittgenstein, *Philosophische Untersuchungen*, a. a. O., § 404)

170 Ludwig Wittgenstein, *Über Gewißheit*, a. a. O., § 79 (meine Hervorhebung).

171 Für eine Analyse der Lebensform menschlicher Personen vgl. Michael Quante, *Person*, Berlin/Boston 2012.

172 Über Selbstkontrolle durch Selbstachtung bei Descartes siehe Dominik Perler, *Transformationen der Gefühle. Philosophische Emotionstheorien 1270–1670*, a. a. O., S. 339–354. Selbstkontrolle und Anerkennung bei Hume werden diskutiert in: Axel Honneth, *Anerkennung. Eine europäische Ideengeschichte*, Berlin 2018, Kap. III.

173 Vgl. René Descartes, *Die Passionen der Seele*, a. a. O., § 153.

174 David Hume, *Eine Untersuchung über die Prinzipien der Moral*, Stuttgart 2012, S. 138.

175 Ebd., S. 125.

176 Vgl. René Descartes, *Die Passionen der Seele*, a. a. O., §§ 64 u. 193.

177 Vgl. Axel Honneth, *Kampf um Anerkennung. Zur moralischen Grammatik sozialer Konflikte*, Frankfurt/M. 1998; Charles Taylor, *Multi-*

kulturalismus und die Politik der Anerkennung, Frankfurt/M. 2017 sowie Georg Auernheimer, *Identität und Identitätspolitik*, Köln 2020.

178 Vgl. dazu auch François Jullien, *Es gibt keine kulturelle Identität. Wir verteidigen die Ressourcen einer Kultur*, Berlin 2017.

179 Siehe dazu Thomas Meyer, *Identitätspolitik. Vom Missbrauch kultureller Unterschiede*, Frankfurt/M. 2015. Schon Freud sprach in diesem Zusammenhang von einem »›Narzißmus der kleinen Differenzen‹, der nicht viel zur Erklärung beiträgt«. (Sigmund Freud, *Das Unbehagen in der Kultur*, in: Ders., *Gesammelte Werke*, Bd. XIV, *Werke aus den Jahren 1925–1931*, Frankfurt/M. 1999, S. 474)

180 Vgl. dazu Maurizio Bettini, *Wurzeln. Die trügerischen Mythen der Identität*, München 2018.

Erste Auflage Berlin 2022

MSB Matthes & Seitz Berlin Verlagsgesellschaft mbH
Göhrener Str. 7 | 10437 Berlin
info@matthes-seitz-berlin.de

Umschlaggestaltung nach einer Idee von
Pierre Faucheux
Satz: Monika Grucza-Nápoles, Berlin
Druck und Bindung: Art-Druk, Szczecin
ISBN 978-3-7518-0539-1
www.matthes-seitz-berlin.de

Andreas Gehrlach

Das verschachtelte Ich

Individualräume des Eigentums

159 Seiten, Klappenbroschur

Fast jeder trägt in seinem Rucksack oder seiner Tasche einen lieb gewonnenen Plastikkugelschreiber, eine einst gefundene Muschel oder einen fast aufgebrauchten Lippenstift mit sich herum oder bewahrt solche Dinge in einer Schuhschachtel auf – Habseligkeiten ohne ersichtlichen Nutz- und Geldwert, die trotzdem höchst kostbar sind. In mehreren nuancierten Untersuchungen, welche von urzeitlichen Grabbeigaben über den spärlichen Privatbesitz unter Herrnhuter Glaubensbrüdern bis zur Handtasche von Sigmund Freuds »Dora« reichen, nähert sich Andreas Gehrlach dieser intensiven Art des Besitzes ausgewählter Dinge, die uns täglich begleiten. Durch ihre Einmaligkeit stehen sie nicht nur in Gegensatz zum unendlich anhäufbaren Reichtum des Kapitalismus, in der Körpernähe ihrer Aufbewahrung wahren sie auch eine Dimension, die in der Welt des Privateigentums fehlt: Intimität.

»In seinem Buch *Das verschachtelte Ich* reflektiert der Kulturwissenschaftler Andreas Gehrlach unser Verhältnis zu den Dingen, die wir besitzen.«
– *Deutschlandfunk Kultur*